全国技工院校公共课教材

就业必读

（第三版）

主编　贾瑛

中国劳动社会保障出版社

图书在版编目(CIP)数据

就业必读/贾瑛主编. -- 3 版. -- 北京：中国劳动社会保障出版社，2021
全国技工院校公共课教材
ISBN 978-7-5167-5002-5

Ⅰ.①就… Ⅱ.①贾… Ⅲ.①职业选择-技工学校-教材 Ⅳ.①G717.38

中国版本图书馆 CIP 数据核字(2021)第 258147 号

中国劳动社会保障出版社出版发行
（北京市惠新东街 1 号 邮政编码：100029）
*
涿州市星河印刷有限公司印刷装订 新华书店经销
787 毫米×1092 毫米 16 开本 11 印张 209 千字
2021 年 12 月第 3 版 2026 年 1 月第 5 次印刷
定价：24.00 元

营销中心电话：400-606-6496
出版社网址：http://www.class.com.cn
http://jg.class.com.cn

版权专有 侵权必究
如有印装差错，请与本社联系调换：（010）81211666
我社将与版权执法机关配合，大力打击盗印、销售和使用盗版图书活动，敬请广大读者协助举报，经查实将给予举报者奖励。
举报电话：（010）64954652

前　　言

就业是民生之本、安邦之策，也是构建社会主义和谐社会的重要内容。对于即将走上工作岗位的技工院校毕业生而言，就业是人生的转折点。准备就业，是每个毕业生都无法回避的重要人生课题。随着毕业生人数的增加，就业形势日益严峻，毕业生就业问题已经成为全社会关注的焦点问题和当今社会必须解决的问题。因此，我们必须准确了解国家的就业政策，把握时机，精心准备，找准位置，在激烈的就业竞争中掌握主动权。

本教材是技工院校就业指导课一线教师和就业研究者长期教学实践和深刻思考的成果，借鉴并采用了最新研究成果，选用了较新或经典的就业案例，具有鲜明的时代特色和先进性。主要特点如下：

一、系统性

本教材紧紧围绕“就业”这一主线安排内容结构和章节，遵循“就业形势与政策、就业准备、求职应聘实务、就业程序与就业保障”的顺序架构全书内容。这样既切合毕业生就业求职的实践过程，也符合学生认知的逻辑顺序，层次清晰、结构完整。

二、实践性

本教材强调理论与实践紧密结合，知识掌握与技能提升齐头并进，选取了大量具有代表性的就业案例，以案析理，避免单纯的理论说教，同时还设置了“单元导读”“读一读”“议一议”“课堂活动”“实践与探索”等栏目，激发学生阅读和学习的兴趣，拓宽学生视野，启迪学生思考，增强学生实践能力。

三、针对性

本教材重点针对即将毕业的技工院校学生，结合他们的学校、自身特点和就业状况，将就业知识教学、就业案例评析、就业技能训练三个教学环节有机统一，力求通过有限的教学课时，有效提升毕业生的就业能力。

本教材第二版由吴皖林任主编，张志斌任副主编，编写人员有陈英、杨文舟、吴志峰，孙丽芳任主审。第三版由贾瑛主编。在本教材的编写过程中，我们查阅和参考了国内很多专家与学者的相关著作、文章和教科书，由于范围广泛，可能未一一列出，在此表示感谢。我们也吸纳了部分技工院校学生如广东省技师学院物流管理专业、幼儿教育专业学生的作业成果，在此一并感谢。

目　　录

第一单元　就业形势与政策

单元导读

就业是民生之本，是安邦之策，也是构建社会主义和谐社会的重要内容。作为即将走上工作岗位的毕业生，处于就业这个人生的转折关头，如何做好就业准备，是每个毕业生都无法回避的重要人生课题。因此，理性认识当前的就业形势，准确了解国家的就业政策，正视自己，把握时机，才能在未来职场中找准自己的位置，在激烈的就业竞争中掌握主动权。

本单元将介绍毕业生的就业现状和就业优势、我国的职业准入制度等。通过学习，我们将学会正确认识自己和社会，扬长避短，挖掘潜能，使自己的就业意向与社会需求相吻合，为今后顺利就业奠定基础。

第一课　毕业生就业现状

学习目标

通过本课的学习，我们能够做到：

1. 了解我国技工院校毕业生的就业现状；
2. 明确技工院校毕业生的就业优势；
3. 学会正确认识自己和社会，为顺利就业奠定基础。

我国是世界上人口最多的国家，也是劳动力资源丰富的国家，为数以万计的劳动力创造就业机会是一项重大任务。

一、毕业生供不应求

技工院校作为以培养高技能人才为主要目标的职业院校，是我国职业院校的重要组成部分。在“校企合作”“工学一体”“顶岗实习”的办学机制下，多年来，技工院校为企业源源不断地输送动手能力强的实用型人才，就业率保持在95%以上。尤其是在一些沿海地区，成熟的高级工或者技师，待遇远高于社会平均水平。

读一读

技工院校学生的晋级之路

根据办学层次，技工院校可分为技工学校、高级技工学校和技师学院。技工学校以培养中级技术工人为主，高级技工学校以培养中、高级技术工人为主，技师学院以培养高级技术工人和技师（预备技师）为主。

《人力资源社会保障部关于推进技工院校改革创新的若干意见》（人社部发〔2014〕96号）中规定：技师学院高级工班、预备技师（技师）班毕业生，参加企事业单位招聘、确定工资起点标准、职称评定、职位晋升等方面，按照全日制大专学历享受相应待遇政策，并按国家有关规定享受高校毕业生就业创业政策。技师学院取得高级工以上职业资格的工程技术类专业毕业生，可按有关规定参加专业技术人员职称评聘，构建技能人才成长“立交桥”。

二、毕业生就业率高的原因

技工院校毕业生能保持较高的就业率，有以下 4 个主要原因：

1. 国家加大对技工教育的扶持力度

为了鼓励广大青年学习技能，国家为技工院校学生提供资助：一是中等职业教育免学费，同时还提供助学金。二是成绩优异的学生可以申请国家奖学金。三是人力资源社会保障部设立“技能雏鹰”奖（助）学金。

读一读

面向技工院校学生的资助政策

1. 什么样的学生可以申请免学费？

申请免学费，主要面向技工院校全日制一、二、三年级 5 类在校生：农村（含县镇）学生、城市涉农专业学生、家庭经济困难学生、民族地区学校就读学生和戏曲表演专业学生（其他艺术类相关表演专业学生除外）。

2. 谁能申请助学金？

申请助学金，主要面向技工院校全日制正式学籍一、二年级在校涉农专业学生和非涉农专业家庭经济困难学生。助学金具体标准由各地在 1 000~3 000 元范围内确定，可以分为 2~3 档。

3. 国家奖学金一定很难申请吧？

中等职业教育国家奖学金，主要奖励中等职业学校（含技工学校）全日制二年级（含）以上学生中学习成绩优异、技能表现突出的学生。每年奖励 2 万名学生，标准是每生每年 6 000 元。难是难了点，但能够获得国家奖学金可是非常高的荣誉。

4. “技能雏鹰”奖（助）学金是什么？

“技能雏鹰”奖（助）学金对技工院校在校学生中品学兼优、技能突出的学生给予奖学金，对符合条件的家庭经济困难学生给予助学金。标准为每生每年 3 000 元。

2. 技工教育贴近市场需求

技工院校面向市场办学，大力发展面向新兴产业和现代服务业的专业，努力实现办学模式灵活多样化，推进产教结合和校企合作，突出能力培养，积极开展“订单式”培养，不断满足企业的需求，因此，受到企业的普遍欢迎。学校努力加强职业指导工作，为学生毕业后实现多渠道就业提供帮助。

读一读

企业到底需要什么样的技工院校学生

1. 综合素养很重要

技工院校学生是未来技术工人的基础人群，必须具备综合素养。第一，必须有吃苦的精神；第二，必须有职业道德。比如，企业对员工进行培训，一些人经过培训学好技术却不辞而别，这就是缺乏职业道德的表现；第三，必须有敬业精神，即在工作岗位上必须恪尽职守，尽心尽力，将自己的本职工作做实、做好。

——某专用车有限公司管理部

作为一家从事半导体产业的公司，我们公司的技术员有别于传统制造产业的操作工，我们的技术员要能够操作全自动化设备、分析异常情况并及时处理。面对目前的技工院校学生，我们公司渴望从中发现综合素质良好，特别是学习工作态度积极认真、抗压能力良好、有高度自律性的人才。

——某半导体制造公司人事部

2. 动手能力要强

我们企业要求技工院校学生必须具备一定的专业基础知识，必须具备稳定的心态，必须具备良好的沟通能力，必须具备适应新环境的能力，必须具备与人合作的意识。我们发现，技工院校学生的动手能力较强，他们在学校经过了专业的学习，上手很快，他们的整体素质好，很受我们欢迎。

——某科技发展有限公司人事部

3. 责任心是关键

我们公司在不断快速发展的同时致力成为一家有价值、有温度、有担当的公司。能对自己的职责负责，认同公司价值观，在工作过程中多听、多做、多思考，抱着不断学习、积极认真的心态承担工作上的责任及压力，这是我们想要招聘的技工院校学生。我们希望他们能和公司一起成长，成为能抬头讲故事、低头做实事的人才，在实现自身价值的同时积极为社会服务、为社会做贡献。

——某物流公司华南人资行政部

3. 技工院校毕业生具有“德技兼修”的品质

技工院校不仅注重对学生的技能培养，也会通过劳动教育、思政教育等途径对学生进行职业素养方面的熏陶。一名合格的技工院校毕业生，对自我有清晰的定位和规划，并兼具扎实的专业知识和踏实肯干的职业精神，能够快速地适应职场需求。

牢记初心使命的刘丽

2021 年 6 月 22 日，全国第十五届高技能人才表彰大会在北京召开，对 30 名中华技能大奖获得者和 300 名全国技术能手予以表彰。中国石油大庆油田有限责任公司的刘丽同志就名列其中。

刘丽是大庆油田的一名高级技师。1993 年，她从技工院校毕业，来到中石油标杆队 48 队担任采油工。她深知知识和技术才是实现人生价值的本钱，平时总是怀揣一本技术书，白天上井对照实物记忆操作规程，下班回家再把白天学到的知识整理成笔记，细细揣摩，直到吃透为止。通过不断提升理论和实际操作水平，她逐渐成长为一专多能的“岗位通”，练就了“一摸工具就能知道规格型号、一看电流就能判断井下状况、一听声音就能辨别机械故障”的绝活儿。

1997 年，刘丽代表大庆油田参加全国石油系统采油工技术大赛，为了备赛进行强化训练，她每天只睡三四个小时，最终取得全国第三名的成绩。赛后，她将大赛的高标准、严要求运用到本职工作中，不断向更高的目标迈进。28 岁被破格聘为采油技师，32 岁被聘为采油高级技师、公司技能专家，35 岁成为大庆油田最年轻的中国石油天然气集团公司技能专家，2013 年被评为黑龙江省“龙江技术能手”。

2011 年 8 月，“刘丽工作室”成立了。刘丽继续发扬“传、帮、带”的精神，根据每个人的技术特点和自身条件，制定了详细的技能提升方案，以独特的方法和严格的管理带出精兵，培训技能骨干 15 000 余人次，78 名徒弟全部被聘为高级技师，赵海涛更是摘取了全省技能大赛桂冠，被授予全国五一劳动奖章。现在，工作室成员发展壮大到 531 名，工作领域涵盖 35 个工种。通过大家的共同努力，研发革新成果 1 048 项，获国家专利 174 项，推广成果 5 000 余件，创效 1.2 亿元。工作室真正成为创新的“孵化器”，推广的“助推器”。

评析

参加工作 28 年来，技工院校毕业生刘丽始终秉承工匠精神，践行大庆精神、铁人精神，带动和影响更多的石油工匠辛勤耕耘、创新创造，为祖国加好油，为中国梦增光添彩，展现了新时代大国工匠的形象。

4. 社会经济的发展迫切需要技能型人才

我国正在从制造业大国向制造业强国迈进，征途中需要更多的高技能人才参与其中、奉献力量。但是目前，我们离制造业强国的目标还有一定的距离。一方面，由于产业结构的调整，当今社会对专业人才产生了新的类别需求、层次需求和数量需求；另一方面，在劳动力市场上，高技能人才和领军人才紧缺，有些地区甚至出现了“技工荒”。因此，我们必须走人才强国之路，大力加强技工教育和职业培训，努力培养出一支规模宏大、门类齐全、素质优良的高技能人才队伍。

图 1.1　社会需要技能型人才

读一读

中国制造 2025 亟须补齐人才短板

根据《制造业人才发展规划指南》，到 2025 年，中国制造业十大重点领域（新一代信息技术产业、高档数控机床和机器人、航空航天装备、海洋工程装备及高技术船舶、先进轨道交通装备、节能与新能源汽车、电力装备、农机装备、新材料、生物医药及高性能医疗器械）的人才总规模将达 6 191.7 万人，但人才需求缺口将有 2 985.7 万人，缺口率高达 48%。这说明：人才短板问题亟须解决。

好在曙光离我们并不远。《〈制造业人才发展规划指南〉有关情况介绍》明确提出：要依托职业教育产教融合工程、现代职业教育质量提升计划等，加强实习实训基地建设，提高人才培养与制造业发展需求的吻合度。这是我国技能人才培养和技工教育发展历程中的一件大事，对今后我国技工教育发挥优势、保持特色、健康持续地高质量发展具有十分重要的意义。

《关于在工程技术领域实现高技能人才与工程技术人才职业发展贯通的意见（试行）》又进一步提出：技工院校中级工班、高级工班、预备技师（技师）班毕业，可分别按相当于中专、大专、本科学历申报评审相应专业职称。获得高级工职业资格或职业技能等级后从事技术技能工作满2年，可申报评审相应专业助理工程师；获得技师职业资格或职业技能等级后从事技术技能工作满3年，可申报评审相应专业工程师；获得高级技师职业资格或职业技能等级后从事技术技能工作满4年，可申报评审相应专业高级工程师。

可见，未来技工院校将继续肩负培养新时期产业工人队伍的重任。

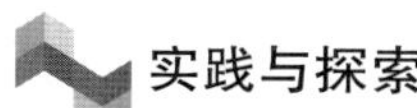

实践与探索

1. 个人任务：将本课知识点整理成一张思维导图。

2. 学习小组任务：对自己曾经实习过的企业做一次访谈，访谈主题是：贵公司欢迎什么样的毕业生？准备活动如下。

步骤一：全班分为若干学习小组，5~6人一组。

步骤二：确定访谈对象，并做好访谈提纲。

步骤三：进行访谈，并整理归纳访谈内容。

步骤四：将访谈内容做成PPT，每小组派一位成员进行讲解。其他小组成员进行点评与打分。学习小组评分参考表见表1.1。

步骤五：总结与反思，修改访谈提纲、PPT，并作为小组作业上交。

表1.1　学习小组评分参考表

组别	评价项目	评价标准	得分
第　组	访谈内容（40分）	访谈内容充实，格式规范。所问问题有一定的现实性，所得到的答案能引起同学们的积极思考	
	PPT制作（30分）	PPT制作精美，排版工整，字体大小合适。如有自制视频或其他创意点可酌情加分	
	表达能力（30分）	小组代表声音洪亮，表达流畅，仪态大方	
	总分		

第二课　职业准入制度

学习目标

通过本课的学习，我们能够做到：

1. 掌握我国目前的就业准入制度和职业资格证书制度；
2. 学会搜集相关最新就业政策及就业准入信息，从思想和行动上做好就业准备。

就业问题既是一个经济问题，又是一个政治问题，直接关系到我国社会主义现代化的进程，关系到社会的稳定。因此，妥善解决就业问题尤为重要。我国特殊的人口国情决定了我们必须实施就业优先战略和积极就业政策，实现更高质量和更充分就业。

案例

大火考问职业准入制度

一个冬日的午后，位于上海市静安区的某教师公寓突然着火，火势以超乎人们想象的速度迅速蔓延，很快就将这座28层高的大楼整栋包围。这次火灾不仅造成了严重的经济损失，也给无数家庭带来了不可弥补的伤害。据统计，在这场火灾中共有58人死亡，71人受伤，直接经济损失达1.58亿元。而火灾发生的直接原因是无特种

图1.2　上海市某教师公寓发生严重火灾

作业人员资格证的电焊工没有按规范要求施工。电焊工在10楼进行焊工作业时火星飞溅，在没有灭火器和接火盆的情况下引燃了9楼窗外堆放的聚氨酯。

从职业规范角度看，这场火灾暴露了一个严重的问题：无证上岗危害巨大。在本案例中，电焊工无特种作业人员资格证，严重违反操作规程，引发大火后逃离现场，导致了悲剧的发生。

评析

上海的这场火灾引发了大众对电焊工从业资格的关注。按照有关规定，焊工属于我国实行职业准入的工种之一，从业人员必须取得相应的职业资格证方可就业上岗。如果不严格执行职业准入制度，阻碍行业健康发展的同时，也会给人民群众的生命安全和财产安全造成巨大的损失。

一、职业准入制度

职业准入制度，是指根据《中华人民共和国劳动法》和《中华人民共和国职业教育法》的有关规定，从事技术复杂、通用性广，涉及国家财产、人民生命安全和消费者利益的职业（工种）的劳动者，必须经过培训，并取得职业资格证书后，方可就业上岗的制度。

读一读

国家职业资格目录

我国自1994年实施职业资格制度，二十多年来，职业资格制度不断发展并逐步完善，对提高专业技术人员和技能人员素质、加强人才队伍建设发挥了积极作用。2021年1月，人社部对2017年公布的《国家职业资格目录》专业技术人员职业资格部分进行了调整。调整后，列入专业技术人员职业资格的有58项，其中，准入类31项，水平评价类27项。技能人员职业资格81项，含准入类5项，水平评价类76项，共计139项职业资格。部分举例详见表1.2。

表1.2 国家职业资格目录（部分专业技术人员职业资格）

序号	职业资格名称	实施部门（单位）	资格类别	设定依据
1	教师资格	教育部	准入类	《中华人民共和国教师法》 《教师资格条例》（国务院令第188号） 《〈教师资格条例〉实施办法》（教育部令2000年第10号）

续表

序号	职业资格名称	实施部门（单位）	资格类别	设定依据
2	执业兽医	农业农村部	准入类	《中华人民共和国动物防疫法》
3	演出经纪人员资格	文化和旅游部	准入类	《国务院关于修改〈营业性演出管理条例〉的决定》（国务院令第528号） 《营业性演出管理条例实施细则》（文化部令2009年第47号）
4	护士执业资格	国家卫生健康委、人力资源社会保障部	准入类	《护士条例》（国务院令第517号） 《护士执业资格考试办法》（卫生部、人力资源社会保障部令2010年第74号）
5	母婴保健技术服务人员资格	国家卫生健康委	准入类	《中华人民共和国母婴保健法》
6	广播电视播音员、主持人资格	广电总局	准入类	《国务院对确需保留的行政审批项目设定行政许可的决定》（国务院令第412号）
7	新闻记者职业资格	国家新闻出版署	准入类	《国务院对确需保留的行政审批项目设定行政许可的决定》（国务院令第412号） 《新闻记者证管理办法》（新闻出版总署令2009年第44号）
8	执业药师	国家药监局、人力资源社会保障部	准入类	《中华人民共和国药品管理法》 《中华人民共和国药品管理法实施条例》（国务院令第360号） 《药品经营质量管理规范》（国家食品药品监督管理总局令2016年第28号） 《执业药师职业资格制度规定》（国药监综人〔2019〕12号）
9	专利代理师	国家知识产权局	准入类	《专利代理条例》（国务院令第706号） 《专利代理师资格考试办法》（国家市场监督管理总局令2019年第7号）
10	导游资格	文化和旅游部	准入类	《中华人民共和国旅游法》 《导游人员管理条例》（国务院令第263号）
11	会计专业技术资格	财政部、人力资源社会保障部	水平评价类	《中华人民共和国会计法》 《关于深化会计人员职称制度改革的指导意见》（人社部发〔2019〕8号） 《会计专业技术资格考试暂行规定》（财会〔2000〕11号）
12	机动车检测维修专业技术人员职业资格	交通运输部、人力资源社会保障部	水平评价类	《中华人民共和国道路运输条例》（国务院令第406号） 《机动车检测维修专业技术人员职业水平评价暂行规定》（国人部发〔2006〕51号）

二、职业资格证书制度

职业资格证书制度是国家按照制定的资格要求，通过政府认定的考核鉴定机构，对劳动者的技能水平或职业资格进行客观公正、科学规范的评价和鉴定，对合格者授予相应的国家职业资格证书的制度。

1. 什么是职业资格证书

职业资格证书是按照国家或行业制定的职业资格标准，由特定政府或行业认定机构对劳动者的任职资格进行鉴定后颁发的证明，该证书可证明该劳动者的从业资格。与学历证书不同，职业资格证书更直接、更准确地反映了职业的实际工作标准和操作规范要求，反映了劳动者从事这种职业所达到的实际水平。

案例

3年前，李明参加高考却名落孙山。李明的家庭并不富裕，他不忍心让父母再为自己操心，听人介绍说，现在技术类人才紧缺，许多技工院校毕业的同学都找到了不错的工作，他也决定试一试，所以他报考了某技师学院的机电专业。因为动手能力强，学习态度认真，在校期间他还获得过不少专业比赛的名次。作为一名优秀毕业生，手持多本荣誉证书和技能证书的李明成为许多用人单位眼中的“香饽饽”，如今的他有一份收入不错的工作，回首往事，他说：“仔细想来，高中生读技师学院并不吃亏，三年高中学的是基础课程，再花两年的时间学习技能，最后一年在企业边实践边学习，从经济成本和时间成本上来说都省了。”

评析

条条大路通罗马，高考不是通往成功的唯一路径，对于动手能力强的同学来说，选择一门自己喜欢的专业，并且成功考到相对应的职业资格证书，也会让你实现自己的人生理想。

2. 职业资格证书等级及要求

现行的国家职业资格证书制度分为5个等级：国家职业资格五级（初级）、国家职业资格四级（中级）、国家职业资格三级（高级）、国家职业资格二级（技师）、国家职业资格一级（高级技师），见表1.3。

表 1.3　国家职业资格 5 个等级的不同要求

初级	能够运用基本技能独立完成本职业的常规工作
中级	能够熟练运用基本技能独立完成本职业的常规工作；在特定的情况下，能运用专门技能完成技术较为复杂的工作；能够与他人合作
高级	能够熟练运用基本技能和专门技能完成较为复杂的工作，包括完成部分非常规性的工作；能够独立处理工作中出现的问题；能指导和培训初、中级人员
技师	能够熟练运用专门技能和特殊技能完成复杂的、非常规性的工作；掌握本职业的关键技术技能，能独立处理和解决技术或工艺难题；在技术技能方面有所创新；能指导和培训初、中、高级人员；具有一定的技术管理能力
高级技师	能够熟练运用专门技能和特殊技能在本职业的各个领域完成复杂的、非常规性的工作；熟练掌握本职业的关键技术技能，能够独立处理解决高难度的技术问题或工艺难题；在技术攻关和工艺革新方面有所创新；能组织开展技术改造、技术革新活动；能组织开展系统的专业技术培训；具有技术管理能力

三、职业技能鉴定

职业技能鉴定是国家职业资格证书制度的重要组成部分，是一项对职业技能水平的考核活动，属于标准参照型考试。职业技能鉴定机构按照国家职业标准对劳动者从事某种职业所应掌握的技术理论知识和实际操作能力做出客观测量和评价，对合格者核发国家职业资格证书。

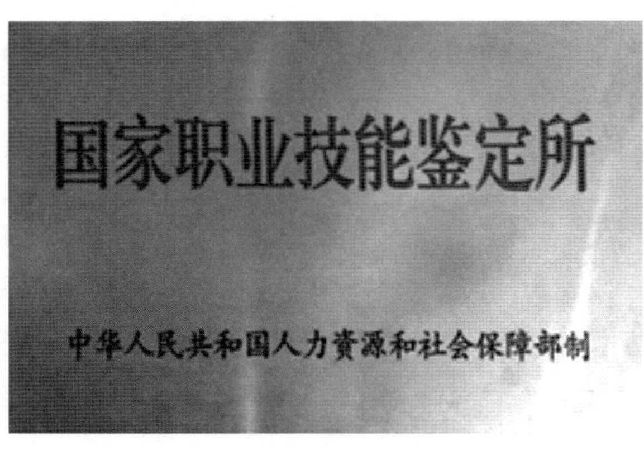

图 1.3　国家职业技能鉴定所

职业技能鉴定分为理论知识考试和实际操作技能考核两部分。理论知识考试一般采用闭卷笔试的方式进行，实际操作技能考核一般采用现场操作加工典型工件、生产作业项目、模拟操作等方式进行。理论考试和实际操作技能考核两项均达到 60 分以上者为合格，80 分以上为良好，95 分以上为优秀。职业技能鉴定的申报基础条件见表 1.4。

表 1.4　职业技能鉴定的申报基础条件

等级	申报基础条件
初级	学徒期满的在职人员或职业学校的毕业生
中级	取得初级职业资格证书并连续工作 5 年以上，或是相关部门审批的以中级技能为培养目标的技工学校和职业学校的毕业生
高级	取得中级职业资格证书 7 年以上，或者是经过正规高级技能培训合格的人员
技师	取得高级职业资格证书 8 年以上
高级技师	任技师 5 年以上

读一读

“企业人力资源管理师”职业技能鉴定申报条件

1. 具备以下条件之一者，可申报四级/中级工：

（1）累计从事本职业或相关职业工作 4 年（含）以上。

（2）取得技工学校本专业或相关专业毕业证书（含尚未取得毕业证书的在校应届毕业生），或取得经评估论证、以中级技能为培养目标的中等及以上职业学校本专业或相关专业毕业证书（含尚未取得毕业证书的在校应届毕业生）。

（3）高等院校本专业或相关专业在校生。

2. 具备以下条件之一者，可申报三级/高级工：

（1）取得本职业或相关职业四级/中级工职业资格证书（技能等级证书）后，累计从事本职业或相关职业工作 5 年（含）以上。

（2）取得本职业或相关职业四级/中级工职业资格证书（技能等级证书），并具有高级技工学校、技师学院毕业证书（含尚未取得毕业证书的在校应届毕业生）；或取得本职业或相关职业四级/中级工职业资格证书（技能等级证书），并具有经评估论证、以高级技能为培养目标的高等职业学校本专业或相关专业毕业证书（含尚未取得毕业证书的在校应届毕业生）。

（3）具有大学专科本专业或相关专业毕业证书，并取得本职业或相关职业四级/中级工职业资格证书（技能等级证书）后，累计从事本职业或相关职业工作 2 年（含）以上。

（4）具有大学本科本专业或相关专业学历证书，并取得本职业或相关职业四级/中级工职业资格证书（技能等级证书）后，累计从事本职业或相关职业工作 1 年（含）以上。

（5）具有硕士及以上本专业或相关专业学历证书（含尚未取得毕业证书的在校应届毕业生）。

3. 具备以下条件之一者，可申报二级/技师：

（1）取得本职业或相关职业三级/高级工职业资格证书（技能等级证书）后，累计从事本职业或相关职业工作4年（含）以上。

（2）取得本职业或相关职业三级/高级工职业资格证书（技能等级证书）的高级技工学校、技师学院毕业生，累计从事本职业或相关职业工作3年（含）以上；或取得本职业或相关职业预备技师证书的技师学院毕业生，累计从事本职业或相关职业工作2年（含）以上。

（3）具有大学本科本专业或相关专业学历证书，并取得本职业或相关职业三级/高级工职业资格证书（技能等级证书）后，累计从事本职业或相关职业工作2年（含）以上。

（4）具有硕士本专业或相关专业学历证书，并取得本职业或相关职业三级/高级工职业资格证书（技能等级证书）后，累计从事本职业或相关职业工作1年（含）以上。

（5）具有博士本专业或相关专业学历证书，累计从事本职业或相关职业工作2年（含）以上。

4. 具备以下条件者，可申报一级/高级技师：

取得本职业或相关职业二级/技师职业资格证书（技能等级证书）后，累计从事本职业或相关职业工作4年（含）以上。

评析

通过"企业人力资源管理师"职业技能鉴定申报条件可知，技能等级是与个人学历和工作经历挂钩的，技能等级越高，对从业者的要求也越高。作为技工院校学生，希望我们不负韶华，实现人生的"累积式"成长。

实践与探索

1. 个人任务：将本课知识点整理成一张思维导图。

2. 学习小组任务：全班分为一个出题小组，若干答题小组。活动前先搜集技工院校各专业及其职业资格证书的名称，每组选一位代表抢答。准备活动如下。

步骤一：全班分为出题组与答题组两大阵营，出题组制作问答 PPT，组员 5~6 名。

步骤二：出题组派一位代表扮演主持人，念出专业名称，答题组进行抢答，回答出相应的职业资格证书名称。

步骤三：出题组算出各组平均分。选出优胜组。

步骤四：总结与反思，完善问答 PPT，并作为出题组小组作业上交，教师打分。评分参考表如表 1.5 所示。

表 1.5　出题小组评分参考表

组别	评价项目	评价标准	得分
第　组	内容完善（40 分）	问题设计切合本校专业实际，所给的问题答案准确无误。每处失误扣 2 分	
	PPT 制作（30 分）	PPT 制作精美，排版工整，字体大小合适。如有自制视频或其他创意点可酌情加分。每处失误扣 2 分	
	表达能力（30 分）	主持人声音洪亮，表达流畅，仪态大方，无操作、表达失误	
	总分		

第二单元　就业准备

单元导读

党和政府始终把促进就业放在经济社会发展的优先位置，努力实现社会就业更加充分的目标。职业道德素质和职业技能是毕业生就业竞争力中的核心要素。就业竞争力是指毕业生经过在校阶段的知识学习和能力锻炼，在就业市场上具有比竞争对手更能够满足社会和用人单位需求的实际能力和比较优势。所以，毕业生在树立正确就业观的同时，一方面，要在专业技能方面多下功夫，以胜任将来的专业工作岗位；另一方面，要注重提高自己的职业道德素质，为将来就业储备职业素养软实力。

第三课　职业道德方面的准备

学习目标

通过本课的学习，我们能够做到：

1. 了解职业道德及其作用；
2. 掌握职业道德的基本规范；
3. 学会在日常生活中养成良好的职业习惯。

案例

“最美司机”吴斌

2012年5月29日中午，杭州长运集团司机吴斌（见图2.1）驾驶从无锡开往杭州的大客车，在途经沪宜高速公路时，突然有一铁块从空中飞来击碎车辆前挡风玻璃，砸向吴斌的腹部和手臂，导致吴斌肝脏破裂及肋骨多处骨折，肺、肠挫伤。在危急关头，吴斌强忍剧痛将车辆缓缓停下，拉上手刹，开启双闪灯，完成一系列安全停车措施并告知车上旅客注意安全，然后打开车门，安全疏散车上的24位旅客。最后，吴斌因伤势过重瘫坐在座位上。6月1日凌晨，吴斌经抢救无效离世，年仅48岁。

图2.1　吴斌

评析

杭州最美司机吴斌的事迹不仅感动了浙江人民，也感动了全国亿万人民，他的平凡壮举体现了一位普通职工的职业道德操守和爱岗敬业精神，他以本能的职业习惯，用最宝贵的1分16秒保全了车内24名乘客的生命安全。

只有将责任常记于心，才能化为这瞬间的拼死守护。吴斌在生命最后一刻所体现出的职业素养，令人钦佩，令人感怀，即使他已离开多年，仍是许多职场人学习的楷模。今天的我们正在接受学校教育，明天的我们也终将走进职场服务社会，希望吴斌带给我们的这种感动，化为我们在职场上前行的力量。

第一节　树立职业道德意识

一、职业

职业是指个人在社会中所从事的并以其为主要生活来源的工作种类。通俗地说，职业就是我们所从事的工作。从社会的角度而言，职业是指人们为了谋生和发展而从事的相对稳定并有收入、有专门类别的社会劳动。

一定的职业是从业者获取生活来源、扩大社会关系和实现自身价值的重要途径，从业者通过承担社会分工角色，参与社会分工，可以促进个人多方面的发展，满足个人的社会性需要，同时也行使个人的基本社会权利。

图2.2　从业者通过职业实现自身价值

读一读

《中华人民共和国职业分类大典》（2015 年版）把我国职业划分为由大到小、由粗到细的 4 个层次：大类（8 个）、中类（66 个）、小类（413 个）、细类（1 838 个）。8 个大类详见表 2.1。

表 2.1　我国 8 个职业大类

第一大类	党的机关、国家机关、群众团体和社会组织、企事业单位负责人
第二大类	专业技术人员
第三大类	办事人员和有关人员
第四大类	社会生产服务和生活服务人员
第五大类	农、林、牧、渔业生产及辅助人员
第六大类	生产制造及有关人员
第七大类	军人
第八大类	不便分类的其他从业人员

请在网上搜集相关信息，说出 8 个大类中都有哪些代表职业。

伴随着现代科学技术的飞速发展、市场对各类、各层次人才需求的变化，职业分类变化的频率在逐渐加快，职业分工变得越来越精细，职业活动的内容不断更新，以服务性产业为代表的第三产业对职业发展的作用正日渐突出，职业正在呈现出专业化和多元化的发展趋势。职业没有高低之分，任何职业都具有同等的社会价值。我们通过从事能充分发挥个人才能的职业，在服务、奉献这个社会的同时，也实现了自身的价值。

二、职业道德及其特点

职业道德是指从事一定职业的人在职业生活中应当遵循的具有职业特征的道德要求和行为准则的总和，它涵盖了从业人员与服务对象、从业人员与职业之间的关系。职业道德既是对从业人员在职业活动中的行为要求，又是本行业对社会所承担的道德责任和义务。职业道德的核心是为人民服务，体现了“我为人人，人人为我”的人际关系的本质。

不同的工作态度

一学生在一家餐馆打工，老板要求洗盘子时要刷6遍。一开始他还能按照要求去做，刷着刷着，发现少刷一遍也挺干净，于是只刷5遍；后来，发现再少刷一遍还是挺干净，于是又减少了一遍，只刷4遍。他暗中留意另一个打工的本地人，发现那个人还是老老实实地刷6遍，速度自然要比自己慢许多，便悄悄地告诉那个人说，可以少刷一遍，看不出来的。谁知那个人一听，竟惊讶地说："规定要刷6遍，怎么能少刷一遍呢？"

如果你是老板，你希望用哪种工作态度的员工？

评析

多数雇主认为，正确的工作态度是公司在雇用员工时最先考虑的，其次才是职业技能和工作经验。毫无疑问，工作态度已被视为企业选用人才时的重要标准。

职业道德是社会一般道德在职业生活中的具体化。职业道德与一般道德原则相比，具有以下几个显著特点。

第一，行业性。职业道德与各行各业紧密联系，一定的道德规范常适用于特定的职业活动领域，带有各自不同的特征，鲜明地体现了社会对某具体职业活动的特殊要求。各行业根据本行业的性质、地位、作用和特点，按照职业活动的客观要求制定职业道德规范，如医生要有医德，商人要有商业道德等。

部分行业职业道德规范简介

1. 农林类从业人员基本职业道德规范：

吃苦耐劳，科学种田，合理利用土地，保护土地、农林资源。

2. 交通运输类从业人员基本职业道德规范：

保障人民生命财产安全，爱护交通运输工具，吃苦耐劳，热情服务乘客。

3. 医药卫生类从业人员基本职业道德规范：

尊重病人、奉献爱心，钻研医术、精心诊治，提高技能、护理精心，救死扶伤、尽责尽心。

4. 司法服务类从业人员基本职业道德规范：

忠于宪法和法律，坚持司法公正、秉公执法，保持清正廉洁。

5. 师范教育类从业人员基本职业道德规范：

遵从教育方针、甘为人梯，关爱学生、尊重学生人格，诲人不倦、因材施教，为人师表、崇尚科学。

6. 商贸类从业人员基本职业道德规范：

诚实守信、文明经商、保守行业秘密。

7. 财经类从业人员基本职业道德规范：

廉洁自律、信息真实、严格监督、讲究效益、严守机密。

8. 旅游类从业人员基本职业道德规范：

热情友好、宾客至上，真诚公道、信誉第一，文明礼貌、优质服务，遵纪守法、洁身自好。

9. 信息技术类从业人员基本职业道德规范：

努力钻研、尊重他人智力成果、不以专业技术伤害他人利益，方便群众，遵从互联网道德。

第二，多样性。随着生产力的发展，社会分工越来越细，职业也就越来越多，不同的职业有不同的职业道德标准，职业道德呈现出多样性。如服务员，要学会自我控制情绪，不可将个人的主观情绪带入工作中；再如秘书，要以公司的利益为重，做好保密工作。

第三，相对稳定性与继承性。任何一种职业道德都是在继承某一职业特有的道德传统和道德习惯的基础上发展起来的，人们在职业生活中形成并保持稳定的职业心理、职业习惯和职业道德评价。

第四，实用性和规范性。每种职业存在着自身的特点和具体的条件，形成各自的职业道德规范。如规章制度、工作守则、业务规范等，都具体、生动，便于操作，能促进良好职业道德行为和习惯的养成。

第五，时代性。职业道德虽然是在特定的职业生活中形成的，但它作为一种社会意识形态，则深深根植于社会经济关系之中，并随着社会经济关系和时代的变化而变化发展。

三、职业道德的作用

职业道德是社会道德体系的重要组成部分，一方面，它具有社会道德的一般作用；另一方面，它又具有自身的特殊作用。

1. 有利于从业人员自身职业道德素质的提升和职业生涯的成功

职业道德是用来规范从业人员思想和行为的准则，要求从业人员在接受和付诸实践的过程中，树立职业道德意识并形成一种职业习惯。思想决定行为，一个从业人员的职业道德水平直接影响着他的职业行为，良好的职业道德素质有助于职业生涯取得成功；反之，职业生涯很难取得成功。

读一读

第 12 块纱布的故事

在一所大医院的手术室里，一位年轻护士第一次担任责任护士，而且做一位赫赫有名的外科专家的助手。

复杂的手术从清晨进行到黄昏，眼看患者的伤口即将缝合，女护士突然严肃地盯着外科专家，她说："大夫，我们用了 12 块纱布，您只取出了 11 块。"

"我已经都取出来了，" 专家断言道，"手术已经一整天，立刻开始缝合伤口。"

"不，不行！" 女护士高声抗议，"我记得清清楚楚，手术中我们用了 12 块纱布。"

外科专家不理睬她，命令道："听我的，准备缝合！"

女护士毫不示弱，她几乎大声叫起来："您是医生，您不能这样做！"

直到这时，外科专家冷漠的脸上才泛起一阵欣慰的笑容。他举起左手手心里握着的第 12 块纱布，向所有人宣布："她是我合格的助手！"

2. 有利于调节职业交往中从业人员内部以及从业人员与服务对象间的关系

职业道德的基本职能是调节职能。一方面，它可以调节从业人员内部的关系，即运用职业道德规范约束从业人员的行为，促进从业人员内部的团结与合作。如职业道德规范要求从业人员要团结、互助、爱岗、敬业，齐心协力把事情做好。另一方面，职业道德又可以调节从业人员和服务对象之间的关系。如职业道德规定了制造产品的工人要怎样对用户负责，营销人员要怎样对顾客负责，医生要怎样对病人负责，教师要怎样对学生负责，等等。

3. 有利于维护和提高企业、行业的信誉，促进企业、行业的发展

一个企业或一个行业的信誉，即其形象、信用和声誉，直接影响公众对该企业或行业的产品与服务的信任程度。提高企业或行业的信誉主要靠良好的产品质量和服务质量，而从业人员良好的职业道德水平是提高产品质量和服务质量的有效保证。

4. 有利于提高整个社会的道德水平

整个社会道德水平的高低，往往会通过各行各业的风气表现出来。各行各业的风气是职工道德水平和道德风貌的总体现，而整个社会的道德水平又是各行各业道德水平和道德风貌的综合反映。

四、职业道德的基本规范

1. 爱岗敬业

爱岗就是热爱自己的工作岗位，热爱本职工作；敬业就是以极度负责任的态度对待自己的工作，忠于职守，尽职尽责。俗话说得好：“干一行，爱一行。”我们既然选择了这份职业，就要热爱自己的工作岗位，自觉遵守劳动纪律，正确看待自己所从事的工作，努力钻研业务知识，掌握更多的业务技能。

“一滴焊接剂”的智慧

有一位青年在某石油公司工作，学历不高，也没有什么特别的技术，他的工作是巡视并确认石油罐盖有没有自动焊接好。石油罐从输送带移动至旋转台，焊接剂便自动滴下，沿着盖子回转一圈，作业就结束了。他每天如此反复好几百次地干着这种工作。后来他集中精神观察，发现罐子旋转一次，焊接剂滴落 39 滴，焊接工作便结束。于是，他努力思考：能否将焊接剂减少一两滴，以便进一步节省成本。经过一番研究，他终于研制出“38 滴型焊接机”。虽然节省的只是一滴焊接剂，却给公司每年节省了 5 亿美元的成本。这位青年，就是后来的石油大王——洛克菲勒。

评析

“一滴焊接剂”的智慧改变了洛克菲勒的一生，他的成功告诉我们：不积跬步无以至千里，不积细流无以成江海，要热爱自己的工作，才能成就一番伟业。刚入职场时，我们不仅要有追求成功的人生抱负，也要有脚踏实地的敬业精神。

2. 诚实守信

诚实就是忠诚老实，不讲假话；守信就是信守诺言，说话算数。诚实守信，作为做人的基本原则，也是对各类从业者的基本道德要求。无论我们从事什么职业，如果没有了诚信，就会失去人们的信任，失去社会的支持，失去成长和发展的机遇。因此，我们在今后的职业活动中应当做到诚实劳动、合法经营、讲求信誉、一诺千金。

案例

诚信的力量

一位外国客商到我国某鞋业股份有限公司实地参观后，对公司的硬件设施非常满意，但出于第一次合作的谨慎，他的订单量并不大，并强调一定要按期完成生产任务。

当公司如期完成生产任务，正准备装货海运到国外时，不巧遇到了台风，等台风过后，离交货期只有两天了，海运已无法如期将货物送到客商的手中。

按照合同规定，由于不可抗力无法按时交货，该公司可以不用承担责任。但考虑到若迟运几天可能会给对方造成损失，该公司董事长要求把货物空运给客商。海运改为空运，公司的运输成本无疑会大大增加，但是本着诚实守信、认真负责的态度，货物被如期空运给了客商。

客商后来知道这个小插曲后，非常感激该公司这种诚信负责的做法。投之以桃，报之以李。这位客商把接下来的几笔大业务都放心地交给了该公司，从此双方建立了长期稳定的合作关系。

评析

诚信是企业之本，一个品牌的强大，必须有完善的诚信体系作基础，这个诚信体系的建立需要每一名员工的诚信作后盾。正因为这家公司诚信负责的做法打动了客商，才使得该客商成为这家公司在国外市场的大客户。

3. 办事公道

办事公道是指从业人员在办理事情、处理问题时站在公正的立场上，按照同一标准和同一原则办事。就职业本身而言，没有高低贵贱之分。在职业活动中不能因服务对象不同而差别对待，要做到公平、公正，不谋私利，不徇私情，不以权损公，不以私害民。

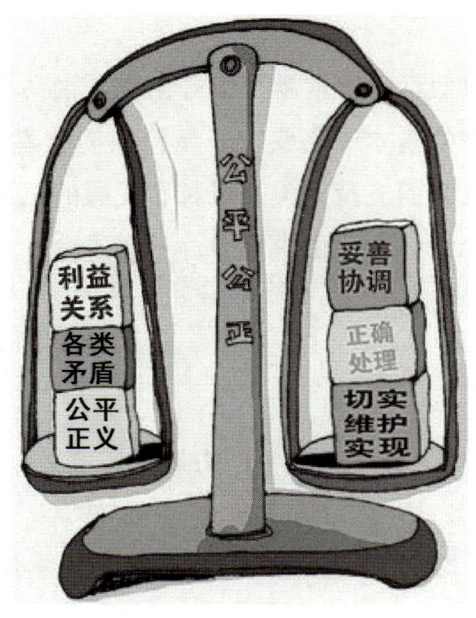

图 2.3　办事公平公正

读一读

其身正，不令而行；其身不正，虽令不从。——《论语》

如烟往事俱忘却，心底无私天地宽。——陶铸

4. 服务群众

服务群众就是为人民群众服务，时时刻刻为群众着想，急群众之所急，忧群众之所忧。这一点在职业活动中具体体现为立足于本职岗位，通过不同的形式为群众着想，替群众办事，为群众提供高质量、高标准的产品或服务。

案例

毕生梦想消除饥饿——袁隆平

他是“世界杂交水稻之父”，他是共和国勋章、世界和平奖、中国科技进步奖的获得者，可在他眼里，人就像一粒种子，只是要做一粒好种子。他，就是袁隆平。

1953 年，袁隆平毕业于西南农学院（现西南大学）农学系。毕业后他服从国家的安排，去农校教书。7 年后，他在田里意外发现了一株特殊的水稻，看到这株水稻，他的心不由地掀起了一阵波澜。他把这株水稻带回去研究，不断做试验，由此开始了他的水稻研究之路。没有人指导，也没有先进的技术，这一条路他走得很艰难，但他没有想过放弃。他尝试着给水稻去除雄花，授其他的花粉，去做杂交水稻。4 年后，杂交水稻研究终于有了进展，他试验田里的水稻终于结出了数百粒第一代雄性不育株种子。此后的几十年，他始终在工作的第一线，不断研究水稻和做试验，90 岁高龄还在工作。

评析

为了“禾下乘凉梦”，为了“杂交水稻覆盖全球梦”，袁隆平耕耘一生，奉献一生。诚如2004 年度感动中国人物颁奖词中所叹：他是一位真正的耕耘者。当他还是一个乡村教师的时候，已经具有颠覆世界权威的胆识；当他名满天下的时候，却仍然只是专注于田畴，淡泊名利，一介农夫，播撒智慧，收获富足。他毕生的梦想，就是让所有的人远离饥饿。喜看稻菽千重浪，最是风流袁隆平。

5. 奉献社会

奉献社会要求我们在各自的职业活动中本着全心全意为人民服务的精神，积极地为社会和他人多做贡献。奉献社会是一种人生境界，是一种融在事业中的高尚人格。

穿越战疫生死线的快递员——汪勇

2020 年是不平凡的一年，许多普通人在这一年成为英雄。

汪勇，原本是一名普通的快递小哥，但在 2020 年武汉暂时关闭离汉通道后，他完成了一次“最美逆行”：自大年三十开始义务接送金银潭医院医护人员上下班，并协调推动网约车企业参与接送医护人员，协调落实共享单车企业在医院周边投放单车，满足医护人员短距离出行需求。之后，他又带领志愿者团队，参与建立餐食供配体系等工作，自行募集资金为医护人员提供泡面和水，找餐馆为医护人员和滴滴司机及时供餐，争取相关部门支持，保证了 1.5 万份餐食持续供应，搭建起一个应急餐食的免费配送备用网络，协助解决了 7 800 名医护人员及一线人员的供餐问题。

那段时间，汪勇的孩子每天问得最多的一句话就是：“爸爸什么时候回来?”几次路过家门口，汪勇都只能匆忙地把购买的蔬菜放在小区门口。他不敢看孩子，因为怕孩子跑过来要“抱抱”。现在，孩子在电视上看到汪勇，都会骄傲地说：“我的爸爸是超人，他在保护医生。”

汪勇用实际行动证明一句话：国家有难，匹夫有责！这不是一句空洞的话，而是我们一代人在风雨兼程中的真实写照。就如2020年度感动中国人物为他写下的颁奖词那样：没有人能百毒不侵，热血可以融化恐惧；没有人是生来的勇者，责任催促你重装上阵。八方统筹，百般服务。你以凡人之力，书写一段传奇。

第二节　养成良好职业道德

职业道德养成的过程是从事各种职业活动的人员，按照职业道德基本原则和规范，对良好的职业道德行为有目的、有计划培养和训练的过程，是在职业活动中进行自我教育、自我锻炼、自我改造和自我完善，使自己形成良好的职业道德品质和达到一定的职业道德境界的过程。

职业道德养成有助于提高职业人的全面素质，对于谋职就业与职业生涯发展具有重要意义；有助于培养良好的职业观念、职业作风和职业行为习惯；有助于职业人以更好的心态、更大的热情投入工作，做出更多的贡献，从而实现人生价值。

我们在走上工作岗位以后，将以更具职业适应性的专业技能服务于各行各业，成为我国经济、社会建设过程中不可或缺的人才，我们能否养成良好的职业道德，直接关系着个人的发展与社会主义建设事业的成败。

职业道德的养成，既有“他律”的因素，即各行各业对员工提出职业规范；也有“自律”的因素，即自我提升与自我改造。我们要想提高自身的职业道德，可以从多个方面着手。

案例

爱心与感恩

夏日里的一天午后，城市上空乌云密布，不一会儿天降大雨，街上的人纷纷避雨。一位老妇人走进百货公司，她有些蓬头垢面，老人越走越不好意思：“就这样在这里转，哪怕买一个头饰也好啊！可是……”一个在百货公司工作的小伙子看出了老人的心思，他拿来一把椅子，告诉老人可以在这里坐着。

两个小时后雨停了，临走时，老人拉住小伙子的手千恩万谢，并要了他一张名片。两个月后，百货公司收到一张订单，指名要小伙子去取订单。老板估算了一下，这个订单带给公司的利润比半年的营业额还要多。那个老妇人不是别人，正是发来这张大订单的公司负责人的母亲。

评析

善良的小伙子给老人搬了把椅子，这把椅子温暖了老人的心。同样善良的老人，滴水之恩，涌泉相报，从而也照亮了小伙子的前程。工作中，用一颗爱心待人接物并铭记那些关爱我们的人，这样，我们的天地会变得更加广阔，我们的事业也会获得意想不到的成功。

一、在日常生活中培养良好行为习惯

一个人在职业活动中所表现出的行为方式和道德观念，不是脱离生活而单独存在的，日常生活中的点点滴滴对一个人行为习惯的养成是至关重要的。

毕业生社会阅历浅，又处于身心发育的关键时期，思想活跃又极易变化，因此，行为习惯好与坏，直接关系到就业后事业能否顺利发展。

毕业生走上工作岗位，要先了解工作岗位的职责，认真对待领导交给的任务，为人诚实，善于学习，主动与人交流，发现问题要及时提出，不能隐瞒。谨记“勿以恶小而为之，勿以善小而不为”。在日常生活中与他人建立起和谐的人际关系，对生活中的各类现象有自己明确的是非美丑评判标准。努力规范、约束自己的言行举止，自觉抵制诱惑，以积极的心态看待一切，认真处理好生活中发生的大事小事。

二、在学习中提升个人综合素质

从业人员在职业活动中所体现出的职业道德，不仅是一个行为选择问题，更是一个思想认识问题，而思想认识则是以学习为基础的。我们在学校学习的专业知识和技能，只有付诸工作实践，才能够真正找出我们学习中的不足，加深对知识的理解与掌握，使之更好地转化为我们的业务能力。因此，我们应该认真学习专业知识和技能，积极参加学校组织的各项职业训练活动，同时在社会上努力为自己寻找可以锻炼个人综合素质的实习岗位，不怕苦、不怕累，珍惜实习机会，为自己交上一份满意的答卷。

通过学习，我们还可以对各自所从事的具体职业有更深入的认识，对具体职业所遵从的行业标准、操作规程、人员素质要求等有所了解，不断增加职业知识和技能储备，为更好地完成本职工作、提升个人综合素质打下坚实的基础。

三、在工作实践中增强职业认同感

职业认同感是一个心理学概念，是指个体对于所从事职业的目标、社会价值等的看法与社会对该职业的评价及期望一致。职业认同感会影响从业人员的忠诚度、成就感和事业心。职业认同感一般是从业人员在长期从事某种职业活动过程中，对该职业活动的性质、内容、社会价值和个人意义，甚至对职业用语、工作方法、职业习惯与职业环境等都极为熟悉和认可的情况下形成的。

我们一旦走上工作岗位，不宜频繁跳槽。跳槽之前最好事先对自身进行职业规划，知识、财富、人生的体验需要积累，频繁跳槽不利于经验的积累。在一个优秀的组织中注重积累沉淀才能学到其优秀的精髓，不然什么都难以学到。不少人择业时易受社会舆论的影响，追求热门职业，不考虑自身条件及职业特点，结果是在激烈的竞争中败北，或者在其位难尽其职，这样既影响工作，又压抑自己。所以，毕业生应该正确地认识自己，对自己的性格、能力、专业技能等进行客观评估，从而明确什么才是最适合自己的职业，并在工作实践中不断增强职业认同感，成就自己的事业和人生。

“激跳族”要小心

小李今年 27 岁，工作以来接连跳槽，几个月换一次工作她早就习以为常，至今已经换了6次工作。最让朋友们目瞪口呆的还是最近的一次，她来了个上午入职，下午辞职。开始大家还都帮她找理由，认为她屡屡跳槽是由于工资待遇低或是工作环境差，要么就是因为公司的发展前景不好、人际关系复杂、老板太过苛刻等。现在朋友们在谈论她时，认为原因出在她自己身上，甚至有几个关系亲密的朋友干脆直接劝她说："不要把钱看得那么重！""别老这山望着那山高！""不要老觉得是领导不好，换位思考一下，是不是自己做得不到位呢？"这么一来，她自己也开始反思——难道真的是我好高骛远，或者能力不够吗？

评析

在职场中很多人都会有小李这样的经历，也许形式会有些不同。不少人一直为找不到适合自己的工作而苦恼，或者对现在的工作不满意，产生了诸多心理问题。其实，跳槽有利有弊。如果换了新的工作还不能如愿以偿，就容易累积负面情绪，自责、后悔、否定自己，甚至出现抑郁倾向。太过频繁的跳槽还会使人缺乏成就事业最宝贵的敬业精神与团队精神，容易浮躁，也容易使人缺乏事业成就感和生活幸福感。

四、在自我修养中提高职业道德品质

职业道德品质融合了符合具体职业特征的道德规范和行为准则。职业道德品质的养成与提高与个人修养息息相关。

内省和慎独是个人修养的两个重要方面。内省就是省察、检讨自己，去除私心杂念，使自己的一言一行向更高的道德标准靠拢，树立正确的道德观念。一个人只有正视自己的优点与缺点，善于反省、不断改进，才能成为一个符合时代精神的、有高尚职业道德品质的人。

慎独是指在无人监督的情况下，仍然能谨慎地遵守道德原则而不做坏事。这既是一种道德修养方法，又是在修养中达到的一种崇高境界。作为从业人员，无论在什么情况下，都应该遵循具体职业的道德要求和行业规范，经受住各种考验，努力做一个具备高尚职业道德品质的劳动者。

梨树无主，吾心有主

许衡是宋末元初的著名学者，为官敢于直言，一生致力于教育，著述颇丰。他在青少年时期就聪敏好学，博览群书，留下了“梨无主，吾心独无主乎”的名言，千古传颂。

许衡小时候，正逢战乱年代。一个炎热的夏天，许衡路过河阳，一路上没水喝，嗓子直冒烟。路边有一棵梨树，上面硕果累累，路人争先恐后地跑去摘梨吃。唯独许衡一人端坐树下，像不知道有梨一样。有路人问他为何不吃梨，许衡答道：“这梨树不是我家所有，不能随便摘人家的东西。”路人说：“现在兵荒马乱，人们死的死，逃的逃，这树也许是没有主人的，不用担心，快吃吧！”许衡说道：“梨树没有主人，我的心也没有主人吗？”最终，他一个梨也没吃。

评析

“梨无主，吾心独无主乎”这句铮铮名言传达了一种做人的准则，画下了一条不可逾越的做人底线。无论在什么环境里，面对诱惑，坚守道德操行、固守廉耻尊严、恪守心灵纯洁，这是人格的最高境界，也是职场中需要的道德品质。

五、在职业活动中强化职业道德

在职业活动中，从业人员通过在不同的工作岗位上从事具体的劳动实现自身价值，服务他人，奉献社会，职业活动也就成为体现从业人员职业道德的最直接的方式。

对于毕业生来说，刚刚走出校门，步入社会，要尽快熟悉并适应自己所处的工作环境，在职业活动中强化职业道德：培养对职业的感情，了解工作对人员素质的具体要求，视工作为天职，养成良好的工作习惯，对工作充满热忱；高度负责，珍惜时间，工作上不拖沓；建立积极、自信的职业心态，主动发现工作中的问题，并相信自己一定能够成功解决；珍惜工作机会，主动工作，完成从忠于职守到“我能为单位做些什么”的转变；与工作团队紧密合作，善于发现职业道德榜样并努力向他们学习。

案例

视邮件为生命的王顺友

获评2005年度感动中国人物的王顺友作为一名普通的邮政投递员，在雪域高原上跋涉近26万千米，相当于走了21趟长征路、绕地球赤道6圈。他负责的马班邮路山高路险、气候恶劣，一路要经过几个气候带。他经常露宿荒山岩洞、乱石丛林。然而，他视邮件为生命，从未丢失过一个邮件，甚至曾不顾个人安危跳入冰冷的河水中抢捞邮件。为了能把邮件及时送到群众手中，他宁愿在风雨中多走山路，改道绕行以方便沿途群众。多年来，他从未延误过一个班期，投递准确率达到100%。

评析

日复一日，年复一年，王顺友永不停歇地穿行在雪域高原、深山峡谷，他用他的信念、他的执着、他的热情、他的极度负责的工作态度，实践为人民服务的宗旨，实践从他父辈传下来的朴素信念：为百姓做事了不起！

读一读

世界500强企业关于优秀员工的12条核心标准

1. 敬业。能力不是最主要的，能力差一点，只要有敬业精神，能力会提高的。如果一个人的本职工作做不好，应付工作，最终失去的是信誉，再找别的工作、做其他事情都难以得到别人的信任。如果认真做好一项工作，往往还有更好的、更重要的工作等着你去做，这就是良性发展。

2. 忠诚。忠诚建立信任，忠诚建立亲密。企业在招聘员工时，绝对不会招聘一个不忠诚的人；客户购买商品或服务时，绝对不会把钱交给一个不忠诚的人；团队合作时，也没有人愿意跟一个不忠诚的人合作。

3. 良好的人际关系。良好的人际关系会成为你一生中珍贵的资产，在必要的时候，会为你提供助力，就像银行存款一样，时不时少量地存，积少成多，有急需时便可派上用场。正如石油大王洛克菲勒所说："我愿意付出比得到其他本领更大的代价来获取与人相处的本领。"

4. 团队精神。在知识经济时代，单打独斗的时代已经过去，竞争已不仅是个体之间的竞争，而是团队与团队的竞争、组织与组织的竞争，许多困难的克服，都不能仅凭一个人的勇敢和力量，而必须依靠整个团队。作为一个独立的员工，个人发展计划必须与公司制订的长期计划保持步调一致。员工需要关注自身及同事能力的共同提高，这就是团队精神的具体表现。

5. 主动、自发地工作。充分了解工作的意义和目的，了解公司战略意图和上司的想法，了解作为一个组织成员应有的精神和态度，了解自己的工作与其他同事工作的关系，并时刻注意环境的变化，主动、自发地工作，而不是当一个木偶式的员工。

6. 注重细节，追求完美。每个人都要用搞艺术的态度开展工作，要把自己所做的工作看成一件艺术品，对自己的工作精雕细琢。只有这样，工作才可能成为一件优秀的艺术品，也才能经得起人们的观赏和品味。注重细节，追求完美，细节体现功力，也只有细节的表现力最强。

7. 不找任何借口。不管遭遇什么样的环境，都必须学会对自己的一切行为负责。自己的事情就应该千方百计地把它做好。只要还是企业里的一员，就应该不找任何借口，投入自己的忠诚和责任心。将身心彻底地融入企业，尽职尽责，处处为自己所在的企业着想。

8. 具有较强执行力。具有较强执行力的人在每一个阶段、每一个环节都力求卓越，切实执行。具有较强执行力的人就是能把事情做成，并且做到他自己认为是最好的结果的人。具有较强执行力的人随时随地都想着企业的顾客，了解顾客的需求后，乐于思考如何让产品更贴近顾客的需求。

9. 找方法提高工作效率。遇到问题就自己想办法解决，碰到困难就自己想办法克服，找方法提高工作效率。在企业里，一个员工在处理和解决问题时，最能表现出他的责任感、主动性和独当一面的能力。

10. 为企业提好的建议。为企业提好的建议，能给企业带来巨大的效益，同时也能给自己更多的发展机会。为了做到这一点，应尽量学习公司业务运作的经济原理：为什么公司业务会这样运作？公司的业务模式是什么？如何才能赢利？同时，还应该关注整个市场动态，分析并总结竞争对手的失误症结，避免思维固化。

11. 维护企业形象。企业形象的维护不仅靠企业各项硬件设施建设和软件条件开发，更要靠每一位员工的努力。员工的一言一行直接影响企业的外在形象，员工的综合素质就是企业形象的一种表现形式，员工的形象代表着企业的形象，员工应该随时随地维护企业形象。

12. 与企业共命运。企业的成功不仅仅意味着企业经营者的成功，更意味着每个员工的成功。只有企业发展壮大了，员工才能有更大的发展。企业和员工的关系就是

“一荣俱荣，一损俱损”，不管最开始是员工选择了企业，还是企业选择了员工，既然成为企业的员工，就应该时时刻刻竭尽全力为企业做贡献，与企业共命运。

实践与探索

1. 个人任务：将本课知识点整理成一张思维导图。

2. 学习小组任务：小组演讲——“寻找身边的职业模范”。小组演讲评分参考表详见表2.2。

参考内容：

寻找身边的职业模范

姓名：

独到的专业技术或技能：

特别的故事：

他/她眼中的职业道德：

表2.2 小组演讲评分参考表

评价项目	第一小组	第二小组	第三小组	第×小组
主题思想（40分）				
语言表达（40分）				
仪容仪表（20分）				
总分				

第四课　观念和心态方面的准备

学习目标

通过本课的学习，我们能够做到：

1. 了解树立正确就业观念的意义，学会正确进行自我认知定位；
2. 了解不良就业心态的内容，确立良好的就业心态。

案例

专家型工人——李斌

在上海市杨浦区军工路，有一所上海电气李斌技师学院，这是我国首家以普通工人名字命名的技师学院。技校毕业生—操作工人—全能技工—数控应用专家，经过多年坚持不懈的努力，李斌实现了人生的飞跃。

图 2.4　李斌技师学院成立

李斌，上海电气液压气动有限公司加工中心高级技师，全国劳动模范，全国五一劳动奖章、中华技能大奖获得者。李斌于 1980 年进入上海电气液压气动有限公司液压泵厂，成为一名学徒工。工作后他刻苦钻研数控理论和操作技术，完成技术攻关项目160余项，在生产国际先进产品、实施刀具国产化等方面取得重大突破，成为全国机械行业知名的数控技术应用专家，被上海师范大学聘为数控机床教授。

评析

李斌的案例告诉我们，树立正确的就业观念，坚定信心、不懈努力、坚持到底，小学徒也会变成大专家，实现人生价值。

正确的就业观念和良好的心态可以指导我们正确对待就业问题，可以帮助我们顺利实现就业，并且在就业后激励我们发挥聪明才智和潜在能力，成就辉煌事业。

正确的就业观念和良好的心态指导我们根据个人自身条件、志向、兴趣以及社会需求，进行客观分析，选择适合未来需要和自身发展的职业，在服从祖国和人民的需要、实现社会价值的同时，努力描绘人生精彩画卷，实现自我价值。

图2.5　盲目就业

如果没有形成正确的就业观念，在就业时就会由于指导思想的错误造成择业方向的偏差，要么脱离社会需求，不能很好地实现社会价值；要么不顾自身条件盲目从众，自己的优点和长处、智慧和能力得不到充分发挥，结果是工作难以胜任，自我价值得不到实现。所以，就业前做好充分的准备，树立正确的就业观念尤其重要。

第一节　正确进行自我认知定位

一个人只有在充分了解自己的兴趣、性格、价值观和气质等方面后，才有可能在求职和今后的职业生涯中更加准确地定位自我、发展自我，进而实现自我价值。

一、兴趣

所谓兴趣，就是指对事物的喜好或关切的情绪。它表现为人们对某件事物、某项活动的选择性态度和积极的情绪反应。爱因斯坦曾说：“当我还是一个四五岁的小孩，在父亲给我看一个罗盘的时候，就经历过这种惊奇。那只罗盘以如此确定的方式行动，根本不符合那些无意识的概念世界中能找到位置的事物的本性。我现在还记得，至少我相信我记得，这种经历给我一个深刻而持久的印象。我想，一定有什么东西深深地隐藏在事情后面。”正是这种不断被激发的兴趣与强烈的好奇心，促使爱因斯坦提出许多大胆的问题与猜想，引导他成年后有了重大的科学发现。可见，兴趣是人们活动的重要动力之一，是取得成功的重要条件。因此，我们在进行职业规划之前必须了解自己的兴趣。

1. 兴趣是职业生涯选择的重要依据

由于兴趣爱好不同，人的职业兴趣也有很大的差异。职业兴趣是指人们对某种职业活动具有的比较稳定而持久的心理倾向。它是一个人探究某种职业或从事某种职业活动所表现出来的特殊个性倾向，它使个人对某种职业给予优先的注意，并具有向往的情感。

职业指导专家、心理学家约翰·霍兰德用一种简单的方法进行职业兴趣测试，进而进行人职匹配。通过进行职业兴趣测试，我们可以知道自己的职业兴趣类型，从而找到适合自己的职业方向。

读一读

霍兰德职业兴趣类型

社会型（S）。

共同特点：喜欢与人交往，不断结交新的朋友，善言谈，愿意教导别人；关心社会问题，渴望发挥自己的社会作用；寻求广泛的人际关系，比较看重社会义务和社会道德。

职业类型：教师、保育员、医护人员和服务人员等。

企业型（E）。

共同特点：追求权力、权威和物质财富，具有领导才能；喜欢竞争，敢于冒险，有野心和抱负；为人务实，习惯以权力、地位、金钱等利益的得失衡量做事的价值，做事有较强的目的性。

职业类型：项目经理、销售人员、企业家等。

常规型（C）。

共同特点：尊重权威和规章制度，喜欢按计划办事，细心、有条理，习惯接受他人的指挥和领导，自己不谋求领导职务；喜欢关注实际和细节情况，通常较为谨慎和保守，缺乏创造性；不喜欢冒险和竞争，富有自我牺牲精神。

职业类型：秘书、办公室人员、记事员、会计、行政助理、图书馆管理员、出纳员、打字员、投资分析员等。

实际型（R）。

共同特点：愿意使用工具从事操作性工作，动手能力强，做事手脚灵活，动作协调；偏好于具体任务，不善言辞，做事保守，较为谦虚；缺乏社交能力，通常喜欢独立做事。

职业类型：计算机硬件人员、摄影师、制图员、木匠、厨师、修理工等。

研究型（I）。

共同特点：思想家而非实干家，抽象思维能力强，求知欲强，肯动脑，善思考，不愿动手；喜欢独立的和富有创造性的工作；知识渊博，有学识才能，不善于领导他人；考虑问题理性，做事喜欢精确，喜欢逻辑分析和推理，不断探讨未知的领域。

职业类型：科学研究人员、工程师、电脑编程人员、系统分析员等。

艺术型（A）。

共同特点：有创造力，乐于创造新颖、与众不同的成果，渴望表现自己的个性，实现自身的价值；做事理想化，追求完美，不重实际；具有一定的艺术才能和个性，善于表达。

职业类型：演员、导演、设计师、雕刻家、歌唱家、作曲家、乐队指挥、小说家、诗人、剧作家等。

2. 兴趣是职业发展的动力

俗话说：兴趣是最好的老师。当一个人对某事物有兴趣时，会对它产生特别的关注，从事与该事物有关的工作时，感知敏锐，记忆牢固，思维活跃，情感浓厚，执着专注。兴趣可以使人集中精力，主动学习相关职业知识，并创造性地开展工作。

课堂活动

霍兰德职业兴趣测试

为保证测试的有效性，在进行此测试时，请选择安静环境，答题完毕后方可查看对应解释。

第一部分　你所感兴趣的活动

测评方法：请根据自己的兴趣进行选择，不管是否做过或是否擅长。将喜欢的选项标注，并在括号里计分，喜欢的选项计 1 分，不喜欢的不计分。答案汇总到第四部分。

R：实际型活动　统计（　）	S：社会型活动　统计（　）
1. 你喜欢装配、修理电器或玩具 2. 你喜欢修理自行车 3. 你喜欢用木头做东西 4. 你喜欢开汽车或摩托车 5. 你喜欢用机器做东西 6. 你喜欢参加手工艺技术学习班 7. 你喜欢参加制图描图学习班 8. 你喜欢飞机或火车 9. 你喜欢参加机械或电气学习班 10. 你喜欢装配、修理机器	1. 你喜欢单位组织的正式活动 2. 你喜欢参加某个社会团体或俱乐部活动 3. 你喜欢帮助别人解决困难 4. 你喜欢照顾儿童 5. 你喜欢出席晚会、联欢会、茶话会 6. 你喜欢和大家一起出去郊游 7. 你喜欢获得关于心理方面的知识 8. 你喜欢参加讲座或辩论会 9. 你喜欢观看或参加体育比赛和运动会 10. 你喜欢结交新朋友
I：研究型活动　统计（　）	E：企业型活动　统计（　）
1. 你喜欢阅读科技图书或杂志 2. 你喜欢在实验室工作 3. 你喜欢改良水果品种，培育新的水果 4. 你喜欢调查了解土和金属等物质的成分 5. 你喜欢研究自己选择的特殊问题 6. 你喜欢解算术题或数学游戏 7. 你喜欢物理课 8. 你喜欢化学课 9. 你喜欢几何课 10. 你喜欢生物课	1. 你喜欢鼓动他人 2. 你喜欢卖东西 3. 你喜欢谈论政治 4. 你喜欢制订计划、参加会议 5. 你喜欢以自己的意志影响别人的行为 6. 你喜欢在社会团体中担任职务 7. 你喜欢检查与评价别人的工作 8. 你喜欢结交成功人士 9. 你喜欢指导有某种目标的团体 10. 你喜欢参与政治活动
A：艺术型活动　统计（　）	C：常规型活动　统计（　）
1. 你喜欢素描、制图或绘画 2. 你喜欢参加话剧、戏剧演出 3. 你喜欢设计家具、布置室内 4. 你喜欢练习乐器、参加乐队 5. 你喜欢欣赏音乐或戏剧 6. 你喜欢看小说、读剧本 7. 你喜欢从事摄影创作 8. 你喜欢写诗或吟诗 9. 你喜欢参加艺术培训班 10. 你喜欢练习书法	1. 你喜欢整理好桌面与房间 2. 你喜欢抄写文件和信件 3. 你喜欢为上级写报告或公务信函 4. 你喜欢检查个人收支情况 5. 你喜欢打字 6. 你喜欢参加计算机、文秘等实务培训 7. 你喜欢参加商业会计培训班 8. 你喜欢参加信息处理培训班 9. 你喜欢整理信件、报告、记录等 10. 你喜欢写商业贸易信

第二部分 你所擅长的活动

下面列举若干种活动，请选择自己能做或大概能做的事。请将你擅长做的选项标注，在括号里计分，擅长的选项计 1 分，不擅长的不计分。答案汇总到第四部分。

R：实际型能力 统计（ ）	S：社会型能力 统计（ ）
1. 你擅长使用电锯、电钻和锉刀等木工工具	1. 你有向各种人说明解释的能力
2. 你知道万用电表的使用方法	2. 你常参加社会福利活动
3. 你擅长修理自行车或其他机械	3. 你能和大家一起友好相处、愉快工作
4. 你擅长使用各种工具从事操作性工作	4. 你善于与年长者相处
5. 你擅长给家具和木制品刷漆	5. 你会邀请人、招待人
6. 你擅长看建筑、电路或机器设计图	6. 你能简单易懂地教育儿童
7. 你擅长修理简单的电气用品	7. 你善于安排会议等活动顺序
8. 你擅长修理家具	8. 你善于体察人心和帮助他人
9. 你对设备的操作比较得心应手	9. 你擅长帮助护理病人和伤员
10. 你擅长简单地修理水管	10. 你擅长安排社团组织的各种事务
I：研究型能力 统计（ ）	**E：企业型能力 统计（ ）**
1. 你懂得真空管或晶体管的作用	1. 你担任过学生干部并且干得不错
2. 你能够列举 3 种蛋白质多的食品	2. 你工作学习上能指导和监督他人
3. 你理解铀的裂变	3. 你做事充满活力和热情
4. 你擅长使用计算尺、计算器、对数表	4. 你能有效利用自身的做法调动他人
5. 你擅长使用显微镜	5. 你销售能力强
6. 你能在星盘中找到 3 个星座	6. 你曾担任俱乐部或社团的负责人
7. 你能独立进行调查研究	7. 你擅长向领导提出建议或反映意见
8. 你能解释化学反应	8. 你有开创事业的能力
9. 你能理解人造卫星为什么不落地	9. 你知道怎样做能成为一个优秀的领导者
10. 你经常探索未知领域	10. 你健谈善辩
A：艺术型能力 统计（ ）	**C：常规型能力 统计（ ）**
1. 你擅长演奏乐器	1. 你能熟练打字
2. 你擅长二部或四部合唱	2. 你善于根据流程要求一步一步地执行
3. 你擅长独唱或独奏	3. 你能快速记笔记和抄写文章
4. 你擅长扮演剧中角色	4. 你善于整理保管文件和资料
5. 你擅长创作简单的乐曲	5. 你善于从事事务性的工作
6. 你擅长跳舞	6. 你擅长使用多种办公软件
7. 你擅长绘画、素描或书法	7. 你擅长在短时间内分类和处理大量文件
8. 你能雕刻、剪纸或泥塑	8. 你擅长使用计算机
9. 你能设计板报、服装或家具	9. 你擅长搜集数据
10. 你能写一手好文章	10. 你善于为自己或集体做计划表

第三部分　统计你的能力类型

表A、表B是你在R、I、A、S、E、C 6个职业能力方面的自我评定表。可先与同龄人比较自己在每一方面的能力，然后再对自己的能力进行评估。请在表中的数字上做标注，并汇总到第四部分，数值越大表明你的能力越强。请注意，请勿圈画同样的数字，因为人的每项能力不会完全一样的。

表A

R型	I型	A型	S型	E型	C型
机械操作能力	科学研究能力	艺术创作能力	解释表达能力	商业/活动洽谈能力	事务执行能力
7	7	7	7	7	7
6	6	6	6	6	6
5	5	5	5	5	5
4	4	4	4	4	4
3	3	3	3	3	3
2	2	2	2	2	2
1	1	1	1	1	1

表B

R型	I型	A型	S型	E型	C型
体育技能	数学技能	音乐技能	交际技能	领导技能	办公技能
7	7	7	7	7	7
6	6	6	6	6	6
5	5	5	5	5	5
4	4	4	4	4	4
3	3	3	3	3	3
2	2	2	2	2	2
1	1	1	1	1	1

第四部分　统计

测试内容		R型 实际型	I型 研究型	A型 艺术型	S型 社会型	E型 企业型	C型 常规型
第一部分	兴趣						
第二部分	擅长						
第三部分A	能力						
第三部分B	技能						
总分							

霍兰德职业兴趣测试到此结束，请在答题结束后再对照着看各型向所代表的职业类型。

二、性格

性格是指一个人对现实的稳定态度，以及与这种态度相应的行为方式中表现出来的心理特点、人格特征。个性差异的核心是性格差异。

1. 性格的基本特征

人的性格可分为外倾型和内倾型。外倾型的人大多开朗、活泼，为人处事灵活多变，情感外露，独立性强，处事果断，心理活动倾向于外部，但往往做事马虎、松散、有始无终，容易急躁；内倾型的人稳妥、严谨、遵规守信、专心致志，情感不易外泄，心理活动倾向于内部，但常常墨守成规，反应迟钝，优柔寡断，为人孤僻。外倾型的人在需要手部动作灵活、言语反应迅速、判断快速果断的工作岗位上，比内倾型的人更有优势；而在需要精细、认真、持久的工作岗位上，内倾型的人又更合适一些。

案例

刘倩的困惑

刘倩是学校里的风云人物，英语专业的她性格外向，能力突出，毕业找工作的时候没有费多大的劲儿就找到了一家贸易公司，还当上了市场部经理助理。一开始，因为有新鲜感，她工作的劲头很足，开会展、联系客户、做宣传材料，大事小事样样揽上身，可是半年不到，刘倩对日渐熟悉的工作逐渐生厌，于是跳槽到一家药品代理公司做客服。在气氛沉闷的这家公司，生性活泼的刘倩很快就觉得压抑，加之对药品行业不感兴趣，于是刘倩想重新选择职业。

评析

刘倩在选择的职业与性格相吻合的时候做得很出色，而第二个职业和她的性格匹配度较低，她做得并不如意。这个案例显示了找工作时考虑自身性格的重要性。刘倩的性格属于外倾型，应选择更能发挥其性格优势的职业。

2. 职业性格

职业性格是指人们在长期特定的职业生活中所形成的与职业相联系的、稳定的心理特征。例如，有的人在岗位上对待工作总是一丝不苟、踏实认真，待人处事总是讲原则、果断、负责任，对待自己总是谦虚、自信、严格等，所有这些特征的总和就是他的职业性格。

职业心理学认为，性格影响一个人对职业的适应性，一定的性格适于从事一定的职业。例如，乐观的人适合教师、社会工作者等职业，冷静的人比较适合会计、科研等职业。

不同的职业有不同的性格要求。每个人虽然性格都不能百分之百地适合某个职业，但可以根据自己的职业倾向培养、发展相应的职业性格。如果自己的性格与职业需要的性格相反时，工作的时候会出现很大的心理冲突，工作上成功的概率也会较小。所以，在就业前，要认识自己的性格，这样有利于反省、调整自己，使自己更加适应职位需求。

读一读

迈尔斯–布里格斯类型指标

迈尔斯–布里格斯类型指标（Myers-Briggs Type Indicator，简称 MBTI）是一种用于鉴别不同类型性格的问卷调查表，它将人们的性格划分为 16 种类型，从态度倾向（外倾/内倾）、接收信息（感觉/直觉）、处理信息（思考/情感）、行动方式（判断/知觉）4 个维度考察个人的偏好，可以帮助测试者了解自身的力量和特有的才干，使其更深刻地了解自己的动机、力量和潜在的发展前景，也可以使测试者更深刻地了解和欣赏与其类型不同的人。了解自己的 MBTI 类型将有助于测试者更积极地认识自我，促进其职业发展。

三、价值观

1. 价值观的定义

价值观是指个人对客观事物（包括人、物、事）及对自己行为结果的意义、作用、效果的总体评价，它使人的行为带有稳定的倾向性。

人们对各种事物，如学习、劳动、享受、贡献、成就等，在心目中存在主次之分，对这些事物的轻重排序和好坏排序构成一个人的价值观体系。人的价值观建立在需求的基础上，一旦确定则反过来影响人进一步的需求、活动，对人自身行为的定向起着非常重要的作用。在一定程度上，它直接影响一个人的理想、信念、生活目标。

2. 职业价值观

职业价值观也称择业观，是个人的人生目标和人生态度在职业选择上的具体表现，也是个人对待职业的一种信念和态度。换言之，职业价值观是一般价值观在职业选择上的体现，影响和决定择业倾向和工作态度。

由于身心条件、年龄阅历、教育状况、家庭环境、兴趣爱好等方面的差异，人们的职业

价值观是不同的。例如，有些人会比较在意工作能带给自己多少收入，而有些人更多考虑工作是否是自己喜欢的。这两者的不同，归结为职业价值观的不同。

树立正确的职业价值观是成功就业的前提之一。毕业生在职业价值观的形成过程中要注意处理好 3 个关系：一是取舍关系，即从实际出发，对自己倾向的职业理性地排序，分清主次，根据社会的需要和当前的实际条件进行取舍；二是社会关系，即在社会生活中要学会与他人和谐相处，承担应有的社会责任，为社会多做贡献；三是名利关系，即力求以一流的标准完成自己的工作任务，用出色的成绩获得社会的肯定，而不是唯利是图，为了个人的名利不择手段。

四、气质

1. 气质的类型

气质是人的长相、穿着、性格、行为等元素结合起来给别人的一种心理感觉。在心理学中，人的气质可分为胆汁质、多血质、黏液质和抑郁质 4 种。

胆汁质类型的人热情、行动迅速、精力充沛、思维敏锐、勇敢、喜欢表现自己，但又往往给人以不稳重、易冲动的感觉，适合选择有挑战性的工作。《水浒传》中的李逵、《三国演义》中的张飞就属于典型的胆汁质类型的人。

多血质类型的人反应敏捷、灵活、活泼开朗、善于交往，具有较突出的外向性，对新环境适应能力较强。在激烈竞争的社会中，在瞬息万变的情况下，他们是充满自信的人，能够施展出自己的才干，有活动能力。《红楼梦》中的王熙凤就是典型的多血质类型的人。

黏液质类型的人理智、沉着、稳重、安静、吃苦耐劳，善于控制和忍耐，但反应缓慢，常给人以呆板、执拗的感觉，适合做各种有条不紊、需要长时间勤勤恳恳才能完成的工作任务。《水浒传》中的林冲就是典型的黏液质类型的人。

抑郁质类型的人内向、感情丰富细腻、工作责任心强，但给以人孤僻、怯懦、拘束的感觉。《红楼梦》中的林黛玉就是典型的抑郁质类型的人。

在现实生活中，并不是每个人的气质都能归入某一种气质类型。除少数人具有某种气质类型的典型特征之外，大多数人都偏于中间型或混合型，也就是说，他们较多地具有某一气质类型的特点，同时又具有其他气质类型的一些特点。

读一读

假如看戏迟到，你会怎么做？

心理学家巧妙地设计了“看戏迟到”的特定问题情境，对4种气质类型的人进行观察研究，结果发现，4种气质类型的观众，在面临同一情境时有截然不同的行为表现，气质为其心理活动染上了一种独特的色彩。

1. 胆汁质类型的人面红耳赤地与检票员争吵，甚至企图推开检票员，冲过检票口，径直跑到自己的座位上去，并且还会埋怨说，戏院时钟走得太快了。

2. 多血质类型的人明白检票员不会放他进去，他不与检票员争吵，而是悄悄跑到楼上另寻一个适当的地方看戏剧表演。

3. 黏液质类型的人看到检票员不让他从检票口进去，便想反正第一场戏不太精彩，还是暂且到商店待一会儿，待幕间休息时再进去。

4. 抑郁质类型的人会说自己老是不走运，偶尔来一次戏院，就这样倒霉，接着就垂头丧气地回家了。

2. 气质与职业选择

随着我国经济的发展，新的职业越来越多，毕业生将有更多的机会选择职业。而社会职业的变化，也需要毕业生在职业选择中对自己、对职业有更具体的认识。每个人的气质特征与其职业活动有着密切的关系，一方面，气质对个人的职业活动起着促进或制约的作用；另一方面，不同的职业对个人的气质特征也具有选择性。因此，了解自己的气质特征，了解社会需求与岗位需求，才能更好地择业，并在择业后尽快适应职业的要求，体会到工作的乐趣。把个人的气质与职业的要求和谐地统一起来，更容易成就一番事业，进而为社会做出更大的贡献。

胆汁质类型的人：较适合从事灵活性强、危险性较大、难度较高的工作。这类人可以成为出色的导游、营销员、节目主持人、外事接待人员等，但不适宜从事烦琐、细致的工作。

多血质类型的人：较适合做社交性工作、文艺性工作，适应要求反应敏捷的工作，而不太适应需要细心钻研的工作。他们可从事范围广泛的职业，如外交人员、管理者、律师、运动员、新闻记者、服务员、演员等。

黏液质类型的人：较适合做有条不紊、刻板平静、稳定性较高的工作，而不太适合从事内容多变的工作。可从事的职业有外科医生、法官、管理人员、财务人员等。

抑郁质类型的人：能够兢兢业业工作，适合从事持久、细致的工作或是需要个人刻苦奋斗的职业，如技术人员、化验员、保管员等，不适合做要求反应灵敏、处事果断的工作。

第二节　确立良好的就业心态

案例

毕业生蓉蓉是个漂亮的女孩，是校学生会副主席、学校广播站的播音员。可谁也没有想到，这么一个优秀的学生，半年内应聘几十次未果，在就业的压力下患上了精神分裂症，3次试图自杀，目前正在精神卫生中心接受治疗。

评析

就业是人生中的重大转折点，是我们从家庭、学校走向社会，从学生转变为职业人的重要阶段。每个人的家庭成长环境、职业目标不同，对自身条件、就业形势和社会环境的认识不同，就业心态也就会不同。如果一个人不能正确对待就业，就有可能出现不良的就业心态。

一、常见的不良就业心态分析

1. 盲目从众

从众心理是指个体在社会群体的无形压力下，不知不觉或不由自主地与多数人保持一致的社会心理现象，通俗地说就是“随大流”。不顾是非曲直、一味服从多数是不可取的。

案例

机会在犹豫中丧失

小明是某学校机电专业毕业生，在一次招聘会上，他参加了某大型机械制造公司的面试。小明很满意这家公司，并且顺利通过了面试。可是他发现自己班上的其他同学没有与该公司签约，便开始犹豫不决。结果，经过几天的再三考虑，他决定与该公司签约时，该公司的招聘已经结束了。小明懊悔不已。

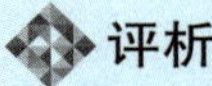

小明的想法属于从众心理。在通常情况下，多数人的意见往往是有参考价值的，但不是绝对的。人与人之间的个性喜好、倾向、选择有差异，在就业时如果缺乏分析，不独立思考或者犹豫不决，往往会错失良机。小明就是由于就业前已经习惯了学校的群体生活，找工作也随波逐流，结果失去了适合自身特点、能够发挥自身优势的就业机会。

图 2.6　就业“随大流”

2. 心虚自卑

自卑是自我评价过低的一种心理现象。其典型表现是轻视自己、行为畏缩、紧张胆怯、瞻前顾后等，多见于性格内向、平时寡言少语、缺乏历练的学生身上。这些学生往往过分注意自身的不足，不能充分认识自己的长处，在面对竞争激烈的就业环境时缺乏信心和勇气，不敢应聘那些具有挑战性的、尽自己所能完全可以胜任的职位。

自卑心理要不得

毕业生小刘学习成绩和其他条件都不错，在求职初期满怀信心。但由于专业冷门等原因，找过几家单位都碰了壁，结果产生了自卑感，在后来的择业过程中表现越来越差，陷入恶性循环而不能自拔，以至于到新的用人单位应聘，只能被动地问人家学某某专业的要不要，其他什么话都不敢讲，最终未能落实就业单位。

评析

小刘的失败是由于自卑心理在作怪。在择业遭受挫折后，他丧失了应有的自信心，择业时缺乏主动争取和把握机遇的心理准备，不敢主动、大胆地与用人单位交谈，也就不能很好地表达自己。越是躲躲闪闪、胆小畏缩，越不容易获得用人单位的好感。这种心理严重妨碍了一部分毕业生参与正常的就业竞争，使得那些原本在某些方面比较出色的毕业生也陷入不战自败的困境。

3. 骄傲自负

与自卑相反，自负心理表现为盲目自大、心高气傲、过高地估计个人的能力。就业目标定得过高也容易适得其反。

案例

因自负错失就业良机

毕业生小张在校期间担任学生会干部，学习成绩全班第一，年年获得三好学生、优秀学生干部称号，还积极参加演讲比赛、学校的征文比赛等，社交能力强，人缘也好，在老师和同学的眼里，他简直是完美的化身。小张也觉得自己是个人才，毕业后应该找个好一点儿的工作。求职时，小张只将自己的求职简历递交给了沿海发达地区大城市中的几家待遇很高的大公司。眼看同学们一个个都找到了不错的工作，小张并不着急，他一定要找到比别人更好的工作。

评析

小张认为自己素质高、能力强，产生自负心理，要求就业单位必须是沿海发达地区的大城市中的大公司，还要好职位、高待遇，其结果是白白痛失了很多不错的就业机会。

4. 消极依赖

有的毕业生缺乏主见，在择业中常会不知所措，以致在人才市场上，亲友代替本人与用人单位洽谈的场面屡见不鲜。某家用人单位负责人对依赖性过强的毕业生说：“你本人都要靠别人来推销，企业还能靠你来推销产品吗?”有些学生在家是独生子女，从小受到爷爷奶奶、爸爸妈妈的溺爱，任何事情都有人帮着做，自己也不会做、不想做，过分依赖家长，缺乏独立竞争意识，直到毕业就业也消极等待家里做主安排。

案例

依赖心理害了她

毕业生小苗家庭条件优越，加上聪明漂亮，被父母视为掌上明珠。平时除了学习，父母什么事情都不让她做。久而久之，小苗除了学习以外，其他的事都离不开父母，形成了对父母的依赖心理。临近毕业，对求职就业这样的大事，她也完全依赖父母的安排，只准备等父母替她找好单位后，自己去上班就行了。在同学们为自己的前程四处奔波的时候，她将自己的求职材料交给父母后，便无事可干了，整天在校园里优哉游哉。

学校邀请了部分用人单位来校参加毕业生供需见面会。在见面会举行的那天，小苗因睡懒觉而姗姗来迟。她由父母陪同，前往用人单位处面谈。在面谈过程中，小苗不是积极主动地介绍、推销自己，而是消极被动地问一句答一句。有的问题她觉得不好回答，就说：“这个问题你还是问我爸妈吧。”整个见面会期间，她说的话还没有她父母说得多，结果自然可想而知。虽然她父母陪着她应聘了一家又一家用人单位，最终仍一无所获。

评析

小苗的问题出在择业过程中过分依赖他人。现在的毕业生中，独生子女所占的比例越来越大，他们中不少人没有经历过什么挫折，再加上父母的过分呵护，容易产生依赖心理。其实，依赖他人是难以获得一份自己满意的工作的。

5. 迷茫

迷茫是毕业生就业前常见的状态，主要原因是还没有做好就业的准备，没有很好地认识自我、分析就业环境和社会需求，既渴望竞争又害怕失败，从而变得不知所措。

案例

就业无望

小丽从小事事不用过问，都由爸爸妈妈操心，甚至不会买东西。眼看马上就要毕业，其他同学都开始找工作了，她对自己将来能做什么从来没有考虑过，感觉不知所措。

评析

小丽不清楚自己该做什么、能做什么，不会考虑、选择自己的职业道路，不知道职业目标是什么。这种心理状态属于迷茫。

6. 焦虑

随着毕业的临近，由于担心自己能否找到满意的工作、就业环境是否较好、待遇是否高、是否会上当受骗等，毕业生会变得焦虑不安。一些毕业生在经历了投出数份甚至数十份简历依然杳无音讯，或参加数次甚至数十次招聘会总是被各个单位拒之门外后更容易急躁不安。

案例

小夏怎么了

毕业生小夏平时与同学交往甚少，敏感、内向、自尊心强，不太喜欢交际，没有特别知心的朋友。毕业前两个月的一天，她在一场大型的招聘会上递交了几十份个人简历，全部是往大企业、大公司投的。招聘单位说一个星期后会通知面试，小夏心里还挺兴奋的，心想总会有一两家大公司录用她的。可是，两个星期过去了，没有人通知她面试。眼看就要毕业了，她非常烦躁、焦虑，看书也没有以前专心，总是走神，食欲也下降了，总是担心找不着好工作。看到同学们陆续找到了工作，她觉得自己没用，同学们一定看不起自己，而且感觉对不起父母。为此，她情绪更加低落，也更烦躁了。

评析

小夏的心理状态属于焦虑。大多数学生在毕业时由于对未来的迷茫会产生或轻或重的焦虑。

7. 看重现实利益

现在的学生磨炼自身的机会相对较少，一些毕业生对生活条件、工作条件期望值很高，就业时往往对严峻的就业形势估计不足，并且追求享受、怕苦怕累。这些学生择业时忽视自己的爱好、兴趣、理想，只关注工作待遇等现实利益、眼前利益，宁愿放弃理想、放弃专业也不愿意到条件艰苦的地区和岗位上锻炼自己。这种心理使得许多毕业生失去了更有发展前景的工作机会。

案例

要求苛刻令单位无法接受

某现代财务管理专业毕业生与某公司进入签约阶段，协议书首先由毕业生本人签署应聘意见。该生在“应聘意见”一栏中写下了以下6条要求：1. 从事财会工作；2. 每周工作5日，每日8小时工作（时长）；3. 解决户口，提供单身宿舍；4. 住房公积金、养老保险等相关支出均由公司负担；5. 每半年调薪一次；6. 公司不限制个人发展（如考研等）。单位鉴于以上条件不能完全答应，将协议书退回，并建议修改后再签。最终，该生因坚持自己的意见而未能被录用。

评析

该生未被上述单位录用，根本原因在于所提要求过于苛刻、过于看重现实利益。公司负责人后来说，该生提出的6条要求，有些是公司可以满足也应该做到的，比如，安排专业对口的工作、8小时工作制、解决户口、提供各种福利等。但有些要求就无法答应，比如每半年调一次薪，这种要求恐怕任何单位都无法答应。又比如“公司不限制个人发展”一条，从毕业生角度看，提出这样的要求可以理解，但从公司的立场来讲，在不影响正常工作的前提下，公司鼓励个人提高自身素质，但如果服务期内想考研就考研，不受单位任何约束，单位肯定是不能答应的。尽管这位同学各方面条件都不错，但这种苛刻的条件公司是无法接受的。

8. 一步到位、一劳永逸

有些学生缺乏动态的、发展的就业观，以一种僵化的态度看待职业，总是要求一步到位、一劳永逸，导致就业渠道狭窄，失去了许多有巨大发展潜力的工作机会。

案例

作茧自缚的小庄

某学校护理专业毕业生小庄，一心要进县医院。可是县医院招聘护士要求专科以上文凭，还要求考试，小庄不符合招聘条件。爸爸妈妈劝她找家私立医院、社区卫生站（所）或者乡镇卫生院先干着，等以后拿到专科、本科文凭再想办法调动到县医院。可是，她怎么也不愿意，父母也没辙。目前，小庄毕业已经快两年了，什么事也没有做。

评析

小庄没有认识到自身条件与就业单位的差距，幻想一步到位、一劳永逸，不愿意降低期望值，其结果只能是毕业就面临失业了。

9. 一味追求专业对口

有些学生没有认识到自己其他方面的能力，与本专业不对口的工作岗位一概不予考虑，认为只有在与自己所学的专业对口的岗位上才能发挥才能，专业不对口将一事无成。

读一读

女生求职3年屡碰壁，做月嫂成“明星”

小王从一所学校企业管理专业顺利毕业，可是，求职路上却屡次碰壁。在毕业后将近3年时间内，但凡招聘会她都愿意参加。前前后后走马灯似的参加了100多场招聘会，向近千家公司投去了简历。由于没有从业经历，她也不愿意找专业不对口的工作，结果一直没找到满意的工作。

整整3年时间过去了，一个朋友见她心神不宁的样子，问她愿意不愿意到她们公司上班。这位朋友在一家月嫂公司做月嫂，一个月能挣几千元。小王一时也找不到其他工作，心想，或许可以试着干几个月，大不了就不干了。

在公司为期两个多月的岗前培训中，小王掌握了月嫂知识，并一步步向专业级迈进。由于业务知识精湛，小王的工作做得一天比一天好，几年后，公司老总准备让她担任公司的副经理。她体验到了事业成功的喜悦，择业观念也被刷新。

10. 逃避竞争

有些学生了解了社会环境之复杂、竞争之激烈后，自己无法适应和面对，干脆采取逃避的态度，不去融入社会、参与竞争，久而久之，也就不能、不敢走出家门。这样的人不在少数。

案例

是社会抛弃了他，还是他抛弃了社会

小梁，27 岁，毕业于上海某名牌大学应用物理专业。他一直希望毕业后能从事太阳能、半导体等与应用物理相关的工作。他曾经精心制作自己的个人简历，多次参加人才招聘会。可是，不少企业觉得他刚毕业没经验而拒绝录用他。

小梁曾到一家机械厂应聘，工作岗位是技术工人。当人事主管得知他毕业于名牌大学时，觉得这样的人才留不住，婉拒了他。

母亲曾托熟人给他找了一家道路建筑公司，小梁又觉得专业不对口，放弃了这次机会。既要专业对口又要岗位符合要求的单位实在难找，小梁曾试着接触专业不对口的工作，去过一家保险公司。3 个月过去了，他一个单子都没签到，倒花了父母 1 000 多元的车费。最后，他觉得自己不适合做营销，只好离开保险公司。

为何不再出去找工作？说起自己的事，小梁也很郁闷："别看我天天坐在电脑旁，其实心里很烦躁。""别人不要我，我也没办法！"他说自己也想工作，减轻父母的负担。但自己中意的工作，人家嫌他没工作经验；想从基层干起，一些企业一看到毕业证就说他迟早要跳槽；随便找个工作吧，专业又不对口，隔行如隔山；自己创业吧，家里本来就贫困，既无资金又无项目。

小梁说，如今，他在生活中怕碰见亲友，在网上又担心遇到同学，干脆窝在家里打游戏，偶尔在网上搜下工作。渐渐地，他很少与人沟通，与一些朋友也逐渐疏远。

评析

小梁初出校门缺乏经验，一些企业不愿为他的成长买单，一些企业担心优秀的人才留不住也是不可回避的现实。当他不能很快就业时，不是从自身找原因，而是感觉社会抛弃了他，其实是他逃避了社会。这个时候，关键是要认识自我，调整好心态，不能消极逃避，应该主动适应社会。

二、树立正确的就业心态

1. 接触社会、提前谋划

毕业生在实习时就要多接触社会，了解社会环境、就业状况，了解企业的需求，在职业方向和职业资格方面提前做好准备，积极做好职业生涯规划，避免临近毕业、就业时出现不知所措的状况。

2. 认识自我、目标适当

要客观地、全面地评价自己，认识自己的长处，同时，也要认识自己的不足。只有同时认识自己的长处和不足，才能扬长避短，确定适当的就业目标。一个人的就业目标只有和自身条件接近时，求职的成功率才能更大。

3. 找出差异、避免从众

每个人都有自己的性格、气质等方面的特点，适合别人的工作不一定适合自己，别人认为好的单位和岗位对于自己来说不一定是好的，只有适合的工作才是最好的。所以，要找到自己与他人的差异，求职时避免盲目从众。

4. 自立自强、避免依赖

当今社会充满了竞争，每个人都要自立自强，相信自己、依靠自己，多参加社会实践，丰富经历、提高阅历。要多思考，提高独立意识，不要凡事没有主见、事事依赖父母。

5. 积极主动、勇敢面对

积极、主动应该成为每一个毕业生的求职信条，因为毕业生在寻找合适的单位时，合适的单位已有无数的求职者在排队应聘。如果消极等待，绝大多数人可能连面试的机会都没有，更谈不上被录用了。积极主动的人比消极被动的人机会更多一些。因此，面对竞争，要积极主动、勇敢面对。

6. 心态平和、戒骄戒躁

在求职时，要放松心态，保持平和的心态对待就业的成败。在求职竞争日趋激烈的今天，求职中遇到困难和挫折是正常现象，面对就业压力，只要不断努力，一定能够找到适合自己的工作。成功就业了也不要骄傲，因为就业只是职业生涯的第一步，只有不断努力才能一步一步实现自己的职业目标，创造辉煌的事业。

7. 脚踏实地、期望合理

毕业生要根据自己的实际情况和就业形势合理定位自己，既不低估自己，也不能把期望值定得过高，那样容易在求职过程中屡屡碰壁，造成“高不成低不就”的局面。在薪酬待遇等方面，都要做到符合实际、期望合理。

薪酬待遇：只要能保证基本的生活即可，度过试用期就会慢慢好转。

工作前景：是金子到哪儿都发光，基层单位更能锻炼人。

单位规模：小型单位升职发展的空间可能更大。

工作地域：沿海大城市竞争压力大，内地小城市压力适中。

8. 先定首局、再谋发展

道路是曲折的，前途是光明的。一步到位固然可喜可贺，但是那样的事情不会总是发生。所以，要先找到就业单位，不断提高自己的能力，然后再谋求发展、升迁的机会。

9. 愈挫愈勇、锲而不舍

人生不可能总是一帆风顺，要在挫折中反思总结经验教训，只有这样，才能不断成熟、强大。

10. 志向远大、不断拼搏

“一切皆有可能”“心有多大，舞台就有多大”，求职者应该树立远大的志向、崇高的理想，并为之竭尽所能、不断拼搏。把成功就业作为实现远大志向的起点，在不断拼搏中获得事业的成功，实现社会价值、个人价值，创造属于自己的不朽的事业神话。

实践与探索

1. 个人任务：将本课知识点整理成一张思维导图。

2. 学习小组任务：小组辩论赛

辩题：正方——先就业再择业　　　　反方——先择业再就业

附：辩论赛流程

1. 主席致辞：介绍辩题相关背景，让选手结合自己的辩题进行自我介绍，简单介绍比赛流程和规则。

2. 比赛流程（总计：35 分钟）

（1）开篇陈词（6 分钟）

正方一辩发言（立论）（3 分钟）

反方一辩发言（立论）（3 分钟）

（每方队员在用时剩余 30 秒时，主席提醒辩手；时间用完时，主席举红牌宣布终止发言）

（2）攻辩环节（6 分钟）

①正方二辩针对反方二辩或三辩提问（30 秒）

反方回答（1 分钟）

②反方二辩针对正方二辩或三辩提问（30 秒）

正方回答（1 分钟）

③正方三辩针对反方二辩或三辩提问（30 秒）

反方回答（1 分钟）

④反方三辩针对正方二辩或三辩提问（30 秒）

正方回答（1 分钟）

（问者只能问，答者只能答。每一轮攻辩用时为 1 分 30 秒，攻方每次提问不得超过 10 秒，每轮只能提 1 个问题。辩方每次回答不得超过 20 秒。用时已满时，主席举红牌宣布终止发言，不得再提问或回答。重复提问、回避问题均要被适当扣分）

（3）攻辩小结（3 分钟）

正方一辩进行攻辩小结（1 分 30 秒）

反方一辩进行攻辩小结（1 分 30 秒）

（攻辩小结阶段，在每方用时剩余 10 秒时，主席提醒辩手；时间用完时，主席举红牌宣布终止发言）

（4）自由辩论（10 分钟）

正反方辩手轮流发言。每方限时 5 分钟，双方共计用时 10 分钟。

发言辩手落座为发言结束，也为另一方发言开始的计时标志，另一方辩手必须紧接着发言；若有间隙，累积计时照常进行。同一方辩手的发言次序不限。如果一方时间已经用完，另一方可以继续发言，也可向主席示意放弃发言。自由辩论提倡积极交锋，不能对重要问题回避交锋两次以上，对于对方已经明确回答的问题，不能纠缠不放。

（自由辩论阶段，每方使用时间剩余 30 秒时，主席提醒辩手；时间用完时，主席举红牌宣布终止发言）

（5）总结陈词（6 分钟）

反方四辩总结陈词（3 分钟）

正方四辩总结陈词（3 分钟）

（应有针对性地对辩论会整体态势进行总结。每方队员在用时剩余 30 秒时，主席提醒辩手；时间用完时，主席举红牌宣布终止发言）

（6）观众提问（4 分钟）

观众可向正反方各提问题，由双方选派选手回答。该环节在正式比赛结束后进行，增加比赛观赏性，不影响比赛结果。

3. 老师分析、点评赛况。辩论赛参考评分表详见表 2. 3、表 2. 4。

表 2.3　辩论赛参考评分表

团体得分							
	开篇陈词 10 分	攻辩 20 分	自由辩论 40 分	总结陈词 10 分	观众提问 10 分	仪态风度 10 分	
正方							总分：
反方							总分：

表 2.4　辩论赛参考评分表

辩手个人得分										
序号	评价 项目	各项 分值	正方 一辩	正方 二辩	正方 三辩	正方 四辩	反方 一辩	反方 二辩	反方 三辩	反方 四辩
1	语言表达	20 分								
2	集体意识	20 分								
3	辩驳能力	20 分								
4	逻辑思维	20 分								
5	综合素养	20 分								
6	总分	100 分								

第五课　知识技能方面的准备

学习目标

通过本课的学习，我们能够做到：

1. 了解充实专业知识的重要性；
2. 掌握强化职业技能的方法及途径；
3. 重视创新意识的培养。

第一节　充实专业知识

一、掌握专业知识

知识就是力量。随着科学技术的迅猛发展，各类职业对从业人员的知识结构、技术能力的要求越来越高。从业人员既要具备深厚扎实的基础知识，也要具备广博精深的专业知识，只有这样，才能更好地打造个人的核心竞争力。

我们在学校读书期间是进行专业知识学习、打好基础的黄金时间，应该充分利用学校的各种资源，合理安排学习时间，重视专业知识的学习，努力提升自己的专业素质。

案例

职业院校毕业生被央视录用

某商贸旅游学校美术设计专业学生王莹进校时并无视频剪辑基础，却通过努力学习和在工作室的“锤炼”，在全国职业院校技能大赛的“数字影视后期制作技术”项目中勇夺金奖，被中央电视台录用。

评析

是金子总会发光。学生只有在校期间掌握扎实的专业知识，才更容易在求职竞争中脱颖而出。

二、专业知识学习中存在的认识误区

目前，一些同学信奉“能力比知识更重要”的信条，认为只要能力强，不管专业知识掌握得如何都能找到比较理想的工作，因而不重视专业知识的学习，把参加活动、提高能力作为主要的目标；还有一些同学认为，自己所学的专业在社会上不吃香，找工作时没有优势，他们在校期间热衷于考取外语、计算机等各种证书，忽视了专业知识的学习。其实，这些认识都是片面的。用人单位愿意录用专业对口和专业知识扎实的毕业生，如果一个毕业生各门功课都成绩不佳，他很容易成为被淘汰的对象。

因此，我们首先需要做的就是：理性认识自己想学的专业，坚定专业方向，调动学习热情。

三、积累专业知识的主要途径

1. 培养和增强对专业知识的兴趣

兴趣是最好的老师，每个人都会对他感兴趣的事物给予优先的注意和积极的探索，并从中感到愉悦、放松，表现出积极而且自觉自愿介入的状态。当一个人对某个问题感兴趣时，兴趣就会促使其经常和主动感知、思索这方面的现象或问题，并努力进行观察和研究，排除一切困难积极从事相关活动。兴趣能使人思想活跃、观察敏锐、注意力持久恒定，从而促进灵感的出现和创造性思维的产生。因此，要通过深入学习、交流探讨等方式培养和增强对专业知识的兴趣。

2. 重视课堂学习

课堂学习是一种高效率获取知识的学习途径，课堂学习又是一种集体学习，尤其是在师生互动交流的过程中，可以激发参与者的积极性和创造力，产生智慧的碰撞，这是个体自学不可能达到的效果。因此，我们要重视课堂学习，课前做好预习，课上集中精力听课，课后注意复习和扩展性、关联性阅读。学会将课堂学习和自学结合起来，提高学习效率。

3. 不断拓展和优化知识结构

一个人的知识结构不是一成不变的，随着社会的发展、个人经历的变化、教育环境的改变，个人所掌握的专业知识也在不断地补充和更新。

现代社会是信息社会，前沿知识和信息瞬息万变，各类职业都要求从业人员能够及时把握本领域和相关领域的专业动态。在校期间，我们就应学会迅速、自觉地获取新知识、新信息，主动地对自己的专业知识结构进行优化，适应变化的环境对所学专业提出的新要求。

4. 考取相关职业的技术等级或职业资格证书

目前，用人单位普遍要求求职者要有相关的技术等级证书或职业资格证书。因此，我们不仅要努力学习，获取毕业证书，还要根据自己的职业目标参加相应的考试，获取技术等级证书或职业资格证书。

读一读

技能人才评价工作网

技能人才评价工作网（原国家职业资格工作网）已正式上线运营，该网站可提供优质高效的查询和应用服务。

图 2.7 技能人才评价工作网

功能一：查询技能类职业技能等级证书和职业资格证书

1. 查询方法：输入所查证书的证书编号、证件号码和姓名，可以查询自己获得的技能类职业技能等级证书和职业资格证书。

2. 查询范围：职业技能等级证书查询范围为经人力资源社会保障部门备案的用人单位、社会培训评价组织等评价机构颁发的职业技能等级证书。职业资格证书查询范围为经人力资源社会保障部门、行业职业技能鉴定（指导）中心组织鉴定并颁发的技能类职业资格证书。

功能二：查询技能类职业技能等级评价机构和职业技能鉴定机构

查询方法：可通过“职业技能等级评价机构公示查询系统”“职业资格鉴定机构公示查询系统”查询经人力资源社会保障部门备案的用人单位、社会培训评价组织等评价机构和鉴定机构相关信息。

功能三：了解我国有哪些职业（工种）以及职业标准

查询方法：可通过职业分类系统，按职业分类目录检索职业信息，或按职业代码、职业名称精确查询职业信息，了解职业信息的最新动态。还可通过职业标准系统，查询到2018年以来发布的职业标准并进行下载。

功能四：可查询国家职业资格目录里有哪些职业

查询方法：可在“国家职业资格目录清单系统”模块查看准入类职业及资格。

功能五：查阅技能人才评价相关政策文件

查询方法：可通过“相关政策文件系统”模块查询与技能人才评价相关的政策文件。

功能六：技能人才评价机构备案申报

申报方法：具备资质的评价机构可以通过该网站“职业技能等级认定机构备案申报平台”进行技能人才评价机构备案申报。

第二节　强化职业技能

一、职业技能及其种类

提高职业技能，一方面是社会发展、企业壮大的需要，另一方面也是自身职业生涯发展的需要。

一般可以把员工应具备的技能划分为 3 种：技术技能、人际关系技能和解决问题的技能。

1. 技术技能

许多企业提供的培训主要是提高员工的技术技能。技术技能既包括最基本的技能——阅读、写作和数学计算技能，也包括与特定职务相关的技能。很难想象，办公室职员如果不会使用文字处理软件、不会使用电子邮件系统将怎样工作。

2. 人际关系技能

每个员工都从属于一个组织。从某种程度上讲，员工的工作绩效取决于与同事和领导的有效相处能力。有些员工需要改进人际关系技能，包括如何做一个好的听众、如何同他人沟通、如何避免冲突等。

3. 解决问题的技能

许多员工发现，他们工作中需要解决一系列的问题，特别是那些非常规的、富于变化的工作更是如此。如果员工解决问题的技能不尽如人意，可以通过强化逻辑推理和确定问题的能力来提高。

二、职业技能的重要性

技工队伍是支撑中国制造、中国创造的重要人才基础，对推动我国经济的高质量发展具有重要的作用。技工院校的学子更应树立技能成才、技能报国的人生理想，在新时代的社会主义建设中实现人生价值。

毕业生在学习文化课的同时，应重点学好特定的专业知识和专业技能，以适应就业的需要。根据社会分工的需要，技工院校设置了不同的专业，各专业都有各自的教学计划，以体现本专业的培养目标和要求。

技工院校人才培养的目标是培养面向企业生产第一线、具有较强实践操作能力的应用型人才。不同专业对从业人员的专业技能要求是不一样的。根据职业或岗位的能力要求，获取与之相适应的职业技能等级或职业资格证书，能帮助毕业生成长为社会和岗位需要的人才，毕业就能上岗，缩短适应期，大大降低用人单位的培训成本。

三、强化职业技能的方法及途径

1. 努力强化理论学习和技能操作

我们必须主动发挥自己的作用，提高自身的职业技能水平。专业知识是形成专业技能的前提条件。我们应当珍惜在校理论学习和技能操作的机会，努力掌握过硬的专业知识和技能。

掌握了专业知识，只是具备了专业技能操作的基础，还需进行正确的操作训练。要掌握专业技能，就要掌握各环节的操作要领，在听懂讲解、看清示范的基础上，认真模仿练习，在模仿中不断纠正错误操作，逐步掌握操作要领。

2. 积极参加学校及社会实践活动

通过在校期间的系统学习和训练，我们已基本掌握本专业的基本技能，具备了一定的实际工作能力，但是还缺乏系统训练和工作经验，尚不具备独立完成岗位工作的能力。因此，除了学好本专业知识外，还应积极参加实践活动，积累工作经验，以适应现代社会发展对技能人才的要求。

技能训练不能只局限于学校、实验室（地）、车间里，也不能只局限于在校期间。实习单位、家里都可能是练习的场所，假期也是练习的时机，我们要把技能训练与生产实践紧密结合，形成更为全面的专业素质。岗位实习是专业技能训练和提升的关键，我们要按照“准员工”的标准和要求顶岗实训，对所学知识和技能进行系统训练，从而能独立处理所在岗位的各种技术问题，胜任本岗位工作。

3. 牢固树立终身学习的理念

随着社会和科技突飞猛进的发展，各行各业技术更新换代的频率加快，作为毕业生，我们也应该时刻有紧迫感和危机感。只有不断地学习、不断地提升，才能适应社会和岗位对人才的需要。“活到老，学到老”，树立终身学习的理念是我们职业成功的根本。我们通过网络学习或在职深造等方式，不仅要学习本专业的知识和技能，更要拓宽自己的知识面和兴趣范围，为以后岗位的晋升和转岗提供可能。

总之，职业技能是将所掌握的专业理论知识综合地运用于实践的能力。职业技能的高低是影响求职就业成功与否的重要因素。我们只有具备了较为完备的理论知识结构和相应的技能，才能找到适合自己并令自己满意的职业。

让青春充实而亮丽！

宋彪，江苏省常州技师学院机械工程系学生，在第44届世界技能大赛中，勇夺工业机械装调项目金牌，并以全场最高分获得大赛唯一的“阿尔伯特·维达”奖，实现了参赛以来历史性重大突破。江苏省政府为宋彪记个人一等功，江苏省人力资源社会保障厅认定宋彪副高级专业技术职称、晋升高级技师职业资格，优先推荐宋彪评选省有突出贡献中青年专家、享受国务院政府特殊津贴人员。

初中时，宋彪成绩一般，中考成绩出来后，父亲并没有责备他，而是跟他聊了聊自己年轻时经历的挫折和对人生的感悟。与父亲的谈话让宋彪重燃对知识的渴望和对未来的希望。后来，家人决定让宋彪到技师学院学一门技术。从那一刻起，宋彪也决定重新开始，“拿不好笔杆子，就拿好工具”。

开学第一个学期，宋彪虽然很努力，但无奈基础太差，老师讲的专业知识很难听懂。一个学期下来，宋彪几乎没学到什么知识。于是，宋彪就利用空余时间请教专业老师，到了第二学期，宋彪的成绩显著提升。但是他没有满足于此，还是像以前一样，经常跑到老师那里求教。

2016年6月，宋彪被学校选中参加第44届世界技能大赛校园选拔赛，这是检验自己技能水平的一次绝好机会。一有空，他就待在学校车间，比赛涉及的每一个项目都要反复练习。特别是焊接，他每天都要练习，培养肌肉记忆。当时正值暑假，宋彪放弃休息，顶着40 ℃的高温，在车间训练，没有一句怨言。第一次接触焊接，由于自己的疏忽，防护没有到位，导致脖子被烧伤。老师让他回家休息几天，但他却依然在车间坚持训练。因为宋彪知道，还有1个月就要参加选拔赛了，现在回家休息就等于放弃这个难得的机会。就这样，宋彪带伤坚持训练了1个月。为了提高装配调试操作的精准度和熟练度，宋彪经常反复训练直至深夜，到后来，在选择装配调试垫片时，他已不需要用量具测量其厚度，光凭手摸，就能准确地做出正确选择。在一次次的反复练习中他渐渐养成吃苦耐劳、刻苦钻研、执着专注、精益求精的品质。最后，宋彪终于以第一名的成绩获得了代表江苏省参加全国选拔赛的机会。

在集训备战与冲刺阶段，专家组对宋彪提出更加严格的集训目标。围绕更高的目标与期待，宋彪全身心地投入备战，开展了针对性训练、障碍性训练、国际交流训练、心理及体能训练。最终经过不到3个月的备战冲刺，宋彪做好了充分准备，厚积薄发，终于冲向技能之巅。正如宋彪所说：“原来人生还有这样一种方式，拥有精湛的技能，一样可以让生命熠熠生辉。”

在宋彪拥有同龄人无法想象的荣耀背后，他同样承担了旁人无法想象的艰辛。宋彪的哪些做法或是精神对你有所启发呢？

第三节 培养创新能力

读一读

有这样一组数字，世界上每4台电脑中，就有1台是在中国江苏生产的，但是，生产1台电脑赚多少钱呢？10个苹果的钱。为什么这么少呢？因为要付给英特尔几十美元，要付给微软几十美元。也就是说，江苏生产1台电脑赚的只是一个简单的加工费。掌握核心技术的发达国家，凭着专利技术拿走了产品的大部分利润。

仅仅引进国外先进技术不是长久之道。企业对技术的保护力度越来越大，不愿意把最先进的技术外传到其他企业，因此，最根本的解决方法还是要靠自主创新。

一、创新能力的重要性

创新能力指人们革旧布新的能力，它是人类特有的认识能力和实践能力，是人类主观能动性的高级表现形式，是推动民族进步和社会发展的不竭动力。当今社会的竞争，说到底是人的创造力的竞争。一个民族要想走在时代前列，就一刻也不能停止创新。

案例

运输沙丁鱼成功的秘密

沙丁鱼味道鲜美，富含蛋白质，是欧美人非常喜欢食用的一种鱼类。

很早以前，北欧的挪威人就有从深海捕捞沙丁鱼的传统。那时候海洋里的沙丁鱼很多，而出海捕捞的渔船并不多，所以渔民们不用担心沙丁鱼的数量，他们只担心沙丁鱼能否活着抵达港口，因为人们都喜欢食用鲜活的鱼类，如果能让沙丁鱼活着到港，售价就会比死鱼翻上好几倍。

图 2.8　喜欢群栖的沙丁鱼

沙丁鱼喜群栖，而且有不爱动的惰性。当它们被捕捞上船之后，常常因为挨得太紧而窒息死亡。由于渔船每次出海的时间都比较长，少则两三天，多则六七天，所以等到归来时，大多数沙丁鱼早已死了。渔民们想了无数的办法，但都失败了。

然而，令人奇怪的是，有一条渔船总能带回来比其他渔船多的活鱼上岸，由于活鱼比死鱼贵出好几倍，自然大赚特赚。人们纷纷猜测：这条渔船的内部有什么秘密吗？可是对这个问题，渔船的船长一直三缄其口，人们也始终百思不得其解。

直到这位船长去世之后，人们终于发现了他成功的秘密。他们打开渔船上的鱼槽，发现与其他渔船鱼槽不同的是，里面多了几条大鲶鱼。原来，鲶鱼来到一个陌生的环境之后，会四处游动，到处挑起摩擦。而习惯群栖的沙丁鱼受到这个异类的冲击，自然也会变得紧张起来，四处游动。这样，就大大提高了捕捞上来的沙丁鱼的成活率。

评析

一样的事情，变换思维，结果大相径庭。一个小小的改变，往往会引起意想不到的效果，这就是创新最大的特征。在工作中，我们要运用创新思维，打破旧的思维模式，创造性地开展各项工作，尝试运用成本更低、效率更高的方法完成各项工作任务。

二、创新的本质

创新的本质是进取，是推动人类文明进步的激情。“有什么样的思路就有什么样的出路。”一个人的创新能力，特别是创新思维能力，将决定他将来的发展前途。创新能力有一部分是来自不断发问的能力和坚持不懈的精神；创新能力是在一定的知识、素质和信息积累的基础上形成的；创新最关键的条件是要解放自己，因为一切创造力都根源于人的潜在能力的发挥。

创新能力并不是天才的专利，事实上，每个人都有创新能力。心理学家吉尔福特说：“我们每个人在某种程度上都具有创造才能，而那些创造天才，仅仅是在其中某些方面具有卓越的才能而已。”

案例

牛仔裤的发明

1850年，李维·斯特劳斯到美国旧金山开了一家百货店，给淘金者们提供小商品、布料等，但靠这家小店没多少钱可赚。李维很快就观察到一个现象：那些淘金者和矿工们需要结实的裤子。于是他发明了用一种结实的布料缝制的裤子。可是，这种布料是结实的，但那些缝线却经常崩裂开。李维有一个顾客，本身是一个裁缝，这个裁缝想到一个主意：何不用铆钉来加固裤子上特别吃劲儿的那些地方呢？

这种铆钉裤一炮打响，非常吃香。但这个裁缝没有钱申报专利。这时，李维加入，两人一起申报了专利。于是，牛仔裤诞生了。那时，这种裤子还不是蓝色，而是棕色的，裤腰高过腰间，上面还有背带。

这时，从法国尼姆传来了一种新的布料，十分结实，染成深蓝色。新的工艺结合新的布料，一下子就大获成功。发明铆钉法的裁缝雅各布·戴维斯一开始自己裁料，然后交给一些女裁缝、家庭妇女，让她们在自己家里缝制。但由于需求量大得惊人，没多久，就有两家工厂应运而生，牛仔裤进入了专业生产的阶段。

一开始，牛仔裤是纯粹的工作裤，在美国西部干重体力活的人都穿它，如淘金者、牛仔、农民。直到20世纪30年代，经济大危机时代，许多有钱的美国人已经无法承担昂贵的欧洲游了，于是他们来到美国本土西部旅游，从那里把牛仔裤带回家去，没用多少时间，牛仔裤就开始出现在时装杂志和时装精品屋里了。这就是牛仔裤从工作裤进化成休闲裤的过程。

评析

社会生活中，商机无处无时不在。要想发现商机，就必须具备创新思维，增强创新能力。

三、在职业发展中善于创新、推动创新

创新是全方位的，是由多种创新要素共同推动的结果。在“大众创业，万众创新”的今天，技工院校的毕业生也应该在职业发展中勇于创新、善于创新。

1. 产品创新

任何产品的生产都是为了满足人们的某种需求或欲望，而人们的需求或欲望是变化发展、永无止境的。人们不断变化的需求或欲望决定了任何一种产品都有一定的生命周期。因

此，只有不断创造出新的产品或赋予老产品新特色，才能满足人们不断变化发展的需求或欲望。毕业生在岗位上只有不断地钻研，保持产品的创新，才能长久保持竞争力。

读一读

技校生创新作品解小微企业难题

浙江某技工学校学生朱振霖的小发明“密封圈安装保护器”被当地一家汽车修理厂花8万元买走，这让他一下成了学校里的名人。朱振霖在当地的一家汽车维修公司实习时注意到，师傅在安装变速器输入轴密封圈时总是很头痛——安装密封圈前要扩张油封的内孔，可是油封采用的是特氟龙材料，很难扩张，扩张后又不易收缩，所以一次成功率很低，返修率特别高。“要是有个专用的安装工具就好了。”朱振霖想。后来学校到各合作企业征集难题，朱振霖就把这个想法反映给汽修专业的教师。他们感到这是一个很好的创新课题，于是启发朱振霖参考日常生活中的水龙头、热水瓶塞、套袖等设计原理设计。水龙头的螺纹和热水瓶塞都是从锥形原理而来，密封圈的安装工具是不是也可以像漏斗一样做成锥形呢？和教师充分交流后，朱振霖就去查找资料、设计草图，并制作出第一个样品。根据汽修公司师傅试用后给出的改进建议，朱振霖进一步修改，最终完成作品，并申请了实用新型专利。这个小发明省时、省力，能让密封圈一次安装到位，降低了返修率，减少了维修成本。

2. 技术创新

技术创新常通过两个方面实现：一方面，通过增加用途、完善功能、改进质量以及保证使用而使产品对消费者更具有吸引力；另一方面，通过降低成本而使产品在市场上更具有价格竞争优势，从而在整体上推动企业竞争力不断提高。在其他条件相差不大的情况下，采用新技术的企业往往能在市场竞争中获胜。毕业生在职业发展中要不断学习，充分发挥自身专业技能优势，积极、主动参与单位的技术创新，创造更多的价值。

3. 观念创新

企业管理者的观念是其在进行企业的组织、领导与控制等“维持职能”和“创新职能”活动时所依据的指导思想和行为准则。观念创新体现了管理者对市场营销、企业经营、要素组合、利益调整、组织整合、文化塑造等基本问题的认识、看法和根本态度的改变，是管理者所奉行的经营理念的革命性转变。毕业生进入岗位后，要注意了解管理者所奉行的经营理念。在职业发展中，也要留意管理者观念的创新之处，在条件成熟时，主动参与到观念创新中。

4. 制度创新

制度创新是指组织中各成员间的正式关系的调整和变革。制度是组织运行方式的原则规定。好的制度会促进技术创新，不好的制度会将技术创新引离常规轨道，或遏制技术创新。毕业生刚入职时应把重点放在适应用人单位制度上，但随着自身经验的逐渐丰富，可以在时机恰当的时候积极为用人单位制度创新建言献策，与同事们一起推动用人单位制度的创新和完善。

总之，创新能力的培养任重而道远，只有坚持不懈，迎难而上，才能让自己真正成为一个具有创新能力的人。我们要不断学习，不断总结，不断研究外部环境的变化，不断对自己提出新挑战，从而紧跟时代的发展。

实践与探索

1. 个人任务：将本课知识点整理成一张思维导图。

2. 学习小组任务：我的实习生活/打工经历分享。小组任务评分参考表详见表 2.5。

课堂分享的参考内容：

我的实习生活/打工经历分享

我因何原因去实习/打工的：
我实习/打工的时间、地点：
我是如何获得这份实习/打工机会的：
我实习/打工的单位、职务和职责：
实习/打工中难忘的事情/特别的经历：
我在这段经历中的收获或感悟：
回答同学们的提问：

表 2.5　小组任务评分参考表

评价项目	第一小组	第二小组	第三小组	第×小组
表达生动（20 分）				
事件完整（20 分）				
PPT 辅助（20 分）				
感悟真诚（20 分）				
仪容仪态（20 分）				
总分				

第六课　职业发展方面的准备

学习目标

通过本课的学习，我们能够做到：

1. 做好从学生向职场人角色转变的心理准备；
2. 掌握适应职场和社会环境的能力；
3. 学会融入职场后进一步成就自我的方法。

案例

从职校生到大国工匠——马艳东

马艳东，1987 年出生在江苏徐州的一个小村庄里，现任某液压股份有限公司一家分公司的制造总监。

“热爱”这两个字是马艳东求学路上的动力源，在学校接触铸造专业后，马艳东对它的热爱一发不可收拾。在校期间，他成绩始终名列前茅，获得各类表彰和奖学金。而“不怕吃苦”这 4 个字是马艳东进入职场的敲门砖。2012 年，马艳东来公司面试，当被问到：“你有什么优点?”马艳东的回答让在座企业领导印象深刻——“不怕吃苦!”于是，他被录用了。此后，他一年 365 天在岗工作 362 天，用实际行动证明了自己“不怕吃苦，用心做好每一件事”的“应聘誓言”。

在担任公司总部设备管理员期间，他主动向领导请缨到其他人不愿意去的铸造清理车间任职，他说想更贴近铸造一线，因为铸造是他的初心所在。当大家到清理车间参观时，无不对他们所加工的铸件啧啧称赞，它们精细得如同一件件艺术品。不到两年的时间，马艳东就成为公司采购物流部主管，后又晋升为分公司制造总监。

他还先后参与多项高端液压铸件铸造技术改进项目：2014 年，他参与工信部“挖掘机专用高压柱塞泵和液压多路控制阀”项目；2015 年，参与完成“高精密液压铸件——挖掘机专用整体式多路阀阀体”开发项目，获得行业技术进步二等奖，在多路阀铸件制造生产过程中总结了 300 多个关键参数质量控制点，成功突破铸件变形量等核心生产技术，其中熔炼工艺的改进就为企业每年节约成本240万元，将工艺性能稳定性从85%提升至90%；2019年，他参与完成“中大型挖掘机液压系统核心多路阀阀体铸件”项目，获得当地创新创业大赛一等奖，破解了中国液压行业挖掘机用柱塞泵和多路阀铸件技术“卡脖子”问题，提升了中国高端液压铸件整体制造水平，打破国外垄断，实现进口替代，降低了客户的采购成本，缩短了交货周期；2020年，他积极参与公司ECO10降本项目，帮助企业降低成本500多万元。2021年5月，马艳东被授予“中国铸造大工匠”荣誉，实现从基层一线工人到大国工匠的人生蜕变，诠释了“技能成就精彩人生”的深刻内涵。

评析

学历只表示一个人在校学习的经历，不能完全代表一个人的能力。三百六十行，行行出状元。毕业生走出校园，要适应社会，完成人生的一大转折，其关键之一就是要迅速地转变角色，尽快在思想上、意志上和业务能力上进入角色、适应角色，为下一步的提升奠定基础。

第一节　完成角色转变

议一议

毕业生完成学业，选择了一定的职业，从相对简单的校园走向纷繁复杂的社会。毕业生的职业理想与职业中的实际情形间存在着差距、冲突和矛盾，新的环境可能带来兴奋的心情，兴奋之外还有好奇和一点畏惧。面对即将开始的职业生涯，如何适应工作、如何尽快从学生的角色转变成职场人的角色，是毕业生亟须解决的问题。

毕业生初到单位，该如何转变角色并适应职场、融入职场呢？

完成学业，走向社会，成就自己的职业理想，这是每一个毕业生的追求。然而，现实总是与理想有着不小的差距。良好的开端是成功的一半。毕业生要顺利度过职业适应期，尽快适应工作，顺利完成人生的一大转折，其关键之一就是要更好、更快地适应职场环境，融入企业文化，从而完成角色转变。

一、适应职场环境

图 2.9　迷茫的职场新人

毕业生初入职场，进入一个新的环境，都难免紧张，害怕自己做不好，没事儿干的时候又不知道做什么好，因此必须尽快调整心态，学会从被动工作转变成主动工作。

1. 适应工作环境

工作环境是指工作时周围的情况和条件，主要包括周围的人和客观条件。周围的人是指自己的领导、同事以及合作伙伴。周围的客观条件是指工作环境和待遇。快速适应陌生的工作环境，是毕业生适应新工作的首要条件，也是考验毕业生心理各方面承受能力的标准之一。

首先，毕业生要主动融入新的工作环境。要快速掌握所在部门的整体运营流程，了解用人单位的工作重心和方向。工作要积极、主动，不怕干脏活、累活。工作中要虚心请教，但自己也要尽量做到多分析和多思考。

其次，毕业生要主动融入新工作环境的团队中。可以通过主动打招呼等方式，向同事敞开心扉；可以主动加入他们的活动或倡议中；还可以主动把自己的好东西或乐趣与同事分享，真诚对待他们，这样比较容易获得同事的认可。

案例

怀念校园生活的小黄

毕业生小黄成功成为一名职场人，但是这一转变却让他无法马上适应。从事销售工作的他常常感到时间紧张、压力很大。因此只要有空闲的时间他就会回到母校，或是看书，或是打篮球。在校园里也有很多学弟成了他的铁哥们儿，他在学校感到了从未有过的轻松。小黄觉得学校的环境可以很快地缓解工作带给他的紧张感，这让他很怀念校园生活。

评析

对于刚入职场的毕业生来说，有小黄这样想法的人并不少见。处在“断奶期”的职场新人，从学校毕业进入社会后工作压力陡增，确实会感觉无法适应。在这段迷茫期内，应当尽快看到自身素质和工作要求的客观情况，积极调整自己，克服种种不适应，尽快进入工作状态。

2. 适应团队环境

团队环境是指由工作团队的自然人形成的工作氛围。由于团队中每一个人的成长环境千差万别，每一个人都有独特的个性。有的人比较热情、谦和有礼；有的人性格开朗，对人面带笑容；有的人说话冷冰冰的，甚至对人不屑一顾。所有这些我们要学会理解。

平时要尊重每一位同事，经常真诚地称赞别人，主动帮助、关心别人，学会认真倾听。主动做一些力所能及的工作，主动学习，这样别人就会慢慢接纳我们。在平时工作中，面对别人善意的批评或教导，记得先说“谢谢”，不要恶意指责别人的错误。做到了这些，就会发现自己已经不知不觉地融入团队环境中，变得离不开这个团队了。

读一读

在南美洲的草原上，天气酷热。有一天，山坡上的草丛突然起火，无数蚂蚁被熊熊大火逼得节节后退，火的包围圈越来越小，蚂蚁眼看就要被全部烧死。然而，意想不到的事情发生了，蚂蚁紧紧聚成一团，滚成一个大蚁球，迅速冲出火海，尽管一些蚂蚁被烧死，但是这让更多的蚂蚁绝处逢生。

蚂蚁的抱团让我们感受到团队的力量，这一抱，是对命运的抗争，是力量的凝聚，唯有团队中成员之间互相协作，才能发挥以一当十的功效。

环境造就人，环境影响人。如果一个人在一个积极向上、团结拼搏的团队里，受到周围人的感染，他也会努力勤奋起来，并且做到自己能力范围内的最好。相反，如果一个人在一个作风散漫、不思进取的团队里工作，同样也容易从一个优秀的人变成一个平庸的人。

二、融入企业文化

多数毕业生走出校园后会进入企业工作，了解并融入企业文化，是毕业生角色转变过程中适应职场程度较高的表现。

1. 企业文化的重要性

企业文化伴随企业的产生而产生，是企业生存和发展的内在动力，是企业员工行为的软约束力，是提升企业形象、增加企业价值的无形资产。企业文化是企业的核心竞争力所在，是企业管理的重要内容。

2. 企业文化的性质

企业文化具有层次性。有人将企业文化从内到外划分成 3 个层次。第一，制度层。制度层是指企业文化对组织及其成员的行为产生规范性、约束性影响的部分，它集中体现了企业文化对组织中个体行为和群体行为的要求。第二，物质层。物质层是凝聚着企业文化的生产经营过程和产品的总和。第三，理念层。理念层主要指领导者和成员共同信守的基本信念、价值标准、职业道德。

总之，企业文化是一种特定的企业行为，其目的是通过协调企业经营过程中个体与群体、群体与社会的关系，使企业在社会公众中树立良好的企业形象，从而推动企业不断发展和进步。企业外部形象设计是企业文化建设中的一部分，例如，统一的企业服装、口号、标志等，企业文化的本质应该是企业全体员工所共同认同并且自觉遵循的特有的观念和行为。

3. 企业文化的作用

企业文化可以把员工紧紧地团结在一起，形成强大的向心力，使员工步调一致，为实现目标而努力奋斗。事实上，企业员工凝聚力的基础是企业明确的目标。企业文化的凝聚力来自企业根本目标的正确选择。如果企业的目标既符合企业的利益，又符合绝大多数员工个人的利益，即是一个集体与个人双赢的目标，说明这个企业具备了凝聚力产生的利益基础。否则，企业凝聚力的形成都只能是一种幻想。优秀的企业文化能够营造良好的企业环境，提高员工的文化素养和道德水准，对内能形成凝聚力、向心力和约束力，形成企业发展不可或缺的精神力量和道德规范，使企业资源得到合理配置，从而提高企业的竞争力。

4. 积极融入企业文化

毕业生进入企业后，要明白融入企业文化就是融入企业氛围、接受新习惯、调整思维和行为模式、适应新工作方式的过程。首先，需要知道、理解所在企业的企业文化，重点了解企业优秀的价值观，品味、感悟其含义，观察其在企业实践中的体现；其次，通过主动学习、体会，进一步认同企业优秀的文化理念；最后，积极践行优秀的企业文化，包括按照其要求规范自己的言行，遵守制度，从企业文化的角度审视工作中的一切。

总之，毕业生在岗位中应努力做好自己分内的工作，学习专业知识，缩短和优秀的企业文化的距离，争取早日融入企业。

第二节 成就职场精英

初入职场的毕业生往往会表现出一种非常积极、充满激情的工作状态，从他们工作的第一天起，每个人的心中就有许多雄心壮志，都希望在工作中尽快脱颖而出。然而，一旦自己的努力没有马上得到回报，一些人就会认为用人单位不重视人才，自己在这里工作没有前途。一个人有理想、有斗志固然好，对成功的追求与渴求也是正常的，但必须把心态调整好，不可以急于求成，幻想在最短的时间里，在各个方面都做到最优秀。职场精英的成就之路需要循序渐进。初入职场，必须清楚地认识到，现在自己还是一颗沙粒，还不能苛求立即被别人承认。如果要别人承认，那就要由沙粒变成珍珠才行。

一、爱岗敬业，创新工作

爱岗，就是热爱自己的工作岗位，热爱本职工作。爱岗是对人们工作态度的一种普遍要求。热爱本职，就是职业工作者以正确的态度对待职业劳动，努力培养对自己所从事工作的幸福感、荣誉感。敬业，就是指对待自己的工作严肃认真，勤勤恳恳，兢兢业业，尽职尽责。爱岗是敬业的基础，敬业是爱岗的具体表现，不爱岗就很难做到敬业，不敬业也很难说是真正的爱岗。

毕业生步入职场后，一定要在爱岗敬业的基础上，由按部就班的被动型员工转为勇于探索的主动型员工，积极树立创新意识，创造性开展工作，为单位赢得利益，为个人发展注入活力。

频频跳槽的小孟

小孟是学会计出身，当初在一家小型的民营企业实习，转正后，小孟觉得该企业发展空间小，便萌生了去大公司试一试的想法。刚转正3个月，小孟就选择辞职，然后到一家规模较大的公司实习。本以为自己有了相应学历、资格证以及工作经验，可以顺利入职，没想到，刚去实习小孟就发现，以前的工作经验在这儿根本没有用，自己学过的东西也是理论上的，实际操作的经验一点儿也没有。没过多久，小孟又找了一家公司，可他依然发现，在前一家公司所积累的工作经验对他现在的工作帮助不大，很多东西都要从头学。“‘漂’了一年多，找了好几份工作，想得挺好，可实际上手操作时才发现，比想象的困难多了。”小孟说，“我的这几次求职经历也让我的求职受到不小的影响。”他非常后悔当初没有沉下心来深入了解这行。由于小孟总是在“跳”的状态下求职，使得很多用人单位都觉得他对工作缺乏耐心，浅尝辄止。“我可能已经给别人留下了‘不安分’的印象。”

评析

当今不少职场新人表现出心气太高、耐心不够等不足。只有明确自己想要什么，在岗位上兢兢业业、尽职尽责，又一直沿着自己的方向努力的职场人，才能取得最后的成功。

二、坚持学习，拓展成功空间

毕业生步入职场后要养成积极、主动的工作习惯，学会进行有效的时间管理。一方面要干好本职工作，另一方面要继续学习提高，树立终身学习的观念。需要注意的是，在有些人的观念中，学习与获得学历或文凭几乎被画了等号，所以，获得学历与文凭以外的学习，也就被认为是次要的事情了。然而，在现代职场中，企业特别欢迎具有创新能力的员工。因此，乐于不断提升职业技能与素养，是养成终身学习习惯的重要途径。

在当今信息爆炸的时代，新思想、新观念、新技术、新理论层出不穷，毕业生所掌握的知识，一般是某个行业入门阶段的知识，无法满足实际工作需要。社会在进步，知识在更新，岗位工作要求在不断改变和提高。终身学习既是社会发展的客观要求，也是工作的需要，更是个人事业成功的基本保证。

从技工院校学生到外企技师

小郭初中毕业后进了一所技工院校，学习汽车修理专业，技工院校毕业后到一家不错的汽车维修企业工作。他并不满足于现状，开始认真地思考自己的未来，下决心靠自己的努力提高文化和专业水平。于是，他一边工作一边努力自学汽车技术应用专业知识。

有一天，小郭偶然间从报纸上看到一则有关德国汽车机械电子师资格证书的报道。这个项目学习的诱惑力不仅在于学生在学习期间可在德国实验室进行先进设备和检测仪器的实际操作，还在于有机会到德国的企业实习，与德国的技师共同工作、朝夕相处。于是他成为该资格证书培训班的第3期学员。学成回国之后，小郭即被某知名汽车公司录用，并逐渐成为公司的业务骨干。

又是一个偶然的机会，经朋友推荐，小郭参加了德国在京开办的一家大型汽车零配件制造企业的应聘并成功地被该企业录用为技师。当时和他一起应聘的两人都是研究生学历，学历都比他高，但是他有信心，因为他有更强的实际操作能力。面对考官提出的众多汽车电子线路方面的考题时，小郭不仅可以熟练地指出各条线路的用途，还能不时用德语进行解释。所有这些，完全得益于他在德国的学习和实习。最终，这家公司通知他很快将送他去德国进行再培训，等他回国后就是公司的正式技师了。

评析

开始工作并不意味着学习的停止，相反，毕业生要把学习变得更加主动。只有在知识储备与经验储备都比较完备的情况下，职业发展才会如虎添翼。

三、提升核心竞争力，成就职场精英

核心竞争力，即不易被竞争对手效仿的知识和技能。个人核心竞争力主要包括3个方面。

1. 超强的执行能力

古人云：“言必信，行必果。”核心竞争力强的人都是时间管理的高手，想好了就立即行动，不错失良机，在最短时间内投入大量的有效行动，出色完成本职工作，主动分担同事的工作，为用人单位创造最大的效益。

2. 准确的职业定位

职业定位准确，就是一个人清晰地知道在职业上的发展方向。职业定位是一个人职业生涯发展历程中的战略性问题。职业定位有 3 层含义：一是明确自己适合做什么工作；二是告诉别人，自己擅长做什么工作；三是根据自己的爱好、特长、能力以及个性将自己放在一个合适的工作岗位上。

3. 优秀的综合能力

一般来说，职场人的综合能力包括语言表达能力、信息处理能力、解决问题能力、人际交往能力、组织管理能力等。核心竞争力强的人综合能力一般是比较突出的。

总之，毕业生只有立足岗位，从小事做起，爱岗敬业，坚持学习，创造性开展工作，不断提升自身核心竞争力，方能成为职场精英。

议一议

技能人才撑起中国核武半边天

中国工程物理研究院是我国核武器研制单位，是以发展国防尖端科学技术为主的集理论、实验、设计、生产为一体的综合性研究院。在大多数人印象中，这里云集了一大批包括两院院士在内的高端科研人才。可是，很多人不知道的是，在这些科学家的身边，还有一群技能人才，他们在我国核武器的研制生产中扮演着不可或缺的角色。

中国工程物理研究院机械制造工艺研究所所长助理说："科研人员和技能人员一起工作的场景随处可见，这是因为研究院的科研工作要求有很强的工程实现能力。"

所谓工程实现能力，就是把设想和图纸变成实际产品的能力。在尖端的研究项目中，工程实现的环节异常专业，为了保证一台价值 7 亿元的加速器的顺利运行，50 多名科研人员和大约 15 名技能人员共同完成各项科研任务和设备的运行维护。技师小王就是其中一位。在小王所在的高级知识分子扎堆儿的研究室里，他的地位无可替代。

"一个设计思想如何实现？需要相应的装置和平台不断地实验验证，而设计、安装和调试这些装置与平台，需要科研人员与技能人员的不断磨合，需要技能人员专业的操作。"小王所在研究室主任说。

技师小王需要具备哪些核心竞争力，才使得他在研究室里的地位"无可替代"？

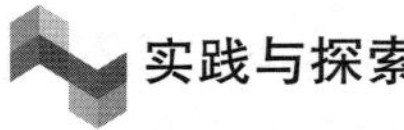

实践与探索

1. 个人任务：将本课知识点整理成一张思维导图。

2. 学习小组任务如下。

（1）主题：调研访谈——通过与本校的就业指导中心联系，采访几位在事业上比较成功的本校毕业生，请他们结合自身的经历，谈谈在从毕业生到职场人的角色转变过程中应该注意哪些问题。

（2）要求：

①确定访谈对象后，小组合作，制作一份访谈提纲。

②记录访谈内容，并制作 PPT 进行课堂分享。

③课堂分享，小组间进行讨论与交流。

人物访谈评分参考表详见表 2.6。

表 2.6　人物访谈评分参考表

评价项目	第一小组	第二小组	第三小组	第×小组
访谈提纲内容充实，问题典型（25 分）				
PPT 制作版面美观，重点突出（25 分）				
表述语言流畅，有互动（25 分）				
仪容仪表（25 分）				
总分				

第三单元　求职应聘实务

单元导读

面对竞争激烈的就业市场和令人眼花缭乱的就业机会，还不够成熟、缺乏人生经验的毕业生常常会陷入困惑。因此，毕业生不仅要准确了解当前就业状况和就业政策，努力提升自身的职业道德素质和职业技能，还要在明确自己职业定位的基础上，充分了解求职途径与方法并做好应聘的各项准备工作。

本单元将介绍如何结合自身实际，制定适合自己的职业目标，以及怎样做好应聘的各项准备工作。通过学习，我们将正确认知自我，明确自己的职业目标，合理规划个人职业生涯，还将掌握笔试和面试的技巧，学会制作求职信和个人简历。

第七课　求职途径与方法

学习目标

通过本课的学习，我们能够做到：

1. 了解求职信息搜集的原则、方法、策略与渠道；
2. 掌握求职信息的筛选与应用方法；
3. 学会正确锁定自己的职业目标。

案例

一群学子的今天与明天

有一年，一群意气风发的天之骄子毕业了，他们即将开始踏上自己的职业生涯旅程。他们的智力、学历、环境条件都相差无几。在临出校门时，学校对他们进行了一次关于人生目标的调查，结果是这样的：27%的人，没有目标；60%的人，目标模糊；10%的人，有清晰的短期目标；3%的人，有清晰而长远的目标。25年后，学校再次对这群学生进行了调查，结果是这样的：3%有清晰而长远目标的人，25年间他们朝着一个方向不懈努力，几乎都成为社会各界的成功人士，其中不乏行业领袖、社会精英；10%有清晰短期目标的人，他们不断地实现短期目标，成为各个领域中的专业人士；60%目标模糊的人，他们安稳地生活与工作，但都没有什么特别成绩；剩下的27%没有目标的人，过得很不如意，并且常常在抱怨他人，抱怨社会，抱怨这个“不肯给他们机会”的世界。

评析

这个案例告诉我们：没有目标的人，如同航行在茫茫大海中的孤舟，没有方向，不知所措。恰当的目标，就是我们职业生涯道路上的灯塔，指引我们走向成功。在生活和工作中，我们有了明确的目标，就有了奋斗的方向。只有这样，才能产生强大的动力，激发潜能，获得成功。

第一节 求职信息的搜集

一、求职信息

求职信息包括宏观信息和微观信息两类。

1. 宏观信息

宏观的求职信息是指毕业生就业时国家的政治经济情况、国家或地区社会经济的方针政策、国家对毕业生的就业政策、社会各部门对人才的需求情况及未来产业职业发展趋势等信息。简单地说，宏观信息包括行业信息、职业信息、企业信息等。例如，全国或者某地区当年毕业生和用人单位总的供求形势，即本地区当年毕业的学生有多少，而用人单位的需求有多少，是供大于求还是求大于供或者两者基本平衡，哪些专业供不应求，哪些专业供大于求等。掌握这些信息，就可宏观地把握就业方向。

2. 微观信息

微观的求职信息是指某些具体的就业信息。例如，某一用人单位的职务空缺情况、岗位职责、所需专业、任职条件、福利待遇等。

读一读

有效的招聘信息

通常，一份完整、有效的招聘信息至少应当包括：用人单位名称、单位性质、招聘职位和人数、职责范围、职位要求、联系方式等内容。这些都是最基本的信息，是毕业生必须了解的。除此之外，毕业生还应了解企业的规模、组织结构、福利体系、企业文化等信息，这样才能做到“知彼知己，百战不殆”。

二、求职信息搜集的原则

为了保证求职信息搜集的质量，求职前必须认真学习信息搜集的3个原则：

第一，准确性。这是信息搜集的最基本要求。招聘信息搜集有误，不管问题出在哪里，都可能导致我们错失机会，所以我们在搜集信息的时候一定要仔细、认真地核查。

第二，全面性。搜集的信息越全面，越能帮助我们做出科学的决策，而决策又关系到我们未来的前途，所以搜集信息时要尽可能利用各种方式，以获得最全面的信息。

第三，时效性。机会稍纵即逝，用人单位没有等待任何人的义务，所以及时、迅速地掌握信息才能使我们获取到更多的机会。信息在不断更新，要想找到理想的工作就得做个对信息时效高度敏感的有心人。

三、求职信息搜集的策略与方法

1. 求职信息搜集的策略

（1）广泛与重点相结合

当今社会科学技术迅猛发展，边缘学科、交叉学科不断出现，知识的渗透性更加明显。社会行业也由过去的专项性向综合性发展。所以在搜集信息时不要仅仅局限于专业对口单位，对非对口单位的需求信息也要注意搜集。但是在广泛搜集的基础上，要确保重点，要全面了解专业对口单位的需求，因为这样的用人单位对相应人才的需求量大。用人单位对人才的需求既有数量的限制，又有质量的要求。在搜集就业信息时，尤其要注意各用人单位对毕业生的具体要求是什么。

（2）纵向与横向相结合

市场经济的发展，要求地域之间加快人、财、物的流动和流通，取长补短，相互促进，形成合理、完善的人才机制。所以在搜集信息时，一方面，要把当地的人才需求信息搜集起来；另一方面，也要注意搜集不同省份、不同地区的人才需求信息。

（3）动态与静态相结合

社会各行业对人才的需求具有相对的连续性和稳定性，这需要我们及时、准确地获取当年人才需求的静态信息；各行业又是在竞争中求生存，人才需求又会随着经济的发展、市场的调节而变化，因此，必须同时了解、掌握、预测社会各行业在一个时期内对人才需求的动态信息，增强就业的预见性和主动性。

2. 求职信息搜集的方法

(1) 全方位搜集法

把与专业有关联的就业信息统统搜集起来，再按一定的标准进行整理和筛选，以备使用。这种方法获取的就业信息广泛，选择的余地大，但较耗费时间和精力。

(2) 定方向搜集法

根据自己选定的职业方向和求职的行业范围搜集相关的信息。这种方法以个人的专业方向、能力倾向和兴趣特长为依据，便于找到更适合自己特点、更能发挥作用的职业和单位。需要注意的是，当我们选定的职业方向和求职范围过于狭窄时，有可能大大缩小我们的选择空间，特别是我们所选定的行业范围是竞争激烈的热门工作时，很可能给我们下一步的求职带来较大困难。

(3) 定区域搜集法

这是一种重地区、轻专业方向的信息搜集法，我们根据自己对某个或某几个地区的偏好搜集信息，对职业方向和行业范围较少关注。按这种方法搜集信息和选择职业，也可能由于所面向地区的狭小和地区过热（即有较多求职者涌向该地区）而造成求职困难。

四、求职信息搜集的渠道

搜集求职信息，关键要掌握信息渠道。当前，搜集求职信息的渠道主要有：

1. 学校相关主管部门

学校相关主管部门分别为：一是学校的就业指导机构。为了组织协调毕业生的就业指导工作，学校的就业指导机构会通过各类信息载体及时发布国家、省、市有关就业的政策与形势、就业法规信息、行业信息、用人信息、招聘活动信息、就业讲座等的最新动态。到校园招聘的用人单位通常会把招聘信息发布在校内就业网站上，这类用人单位发布的招聘信息针对性比较强。因此，随时浏览校内的招聘信息是首要的选择。二是校内各系（专业）学生工作办公室。为了提高就业率，各系（专业）学生工作办公室常常通过本系校友等各种社会关系资源，积极、主动地提供对口的就业信息给本系（专业）毕业生。用人单位到学校选录毕业生所依赖的主要就是这两个窗口。通过学校相关主管部门搜集就业信息，优点是及时、可靠、针对性强，是毕业生搜集就业信息的主渠道，不足之处是竞争比较激烈。

2. 网络

目前全国各类人才信息网站有数千家，许多大中城市已基本实现网上求职、网上招聘。除了学校自建的校内就业网站提供的大量高质量的信息外，毕业生如果利用网络搜集就业信息，主要还有四类渠道：一是从专业的求职网站上查找信息。比如南方人才网、中华英才网等，毕业生注册登录后，即可根据自己的需求，使用职位搜索引擎或订阅免费招聘信息，填写个人资料后就可以直接发简历。二是从各大搜索引擎上查找信息。这种方式搜索查询比较简便，仅需输入关键词并敲一下回车键，即可获得相关信息。此外，利用搜索引擎可以查阅到几乎所有就业指导网站。三是从门户网站招聘专区或用人单位网页招聘通告上查找信息。世界500强企业或一些国有企业往往是直接在公司网站发布招聘信息，毕业生有时需要注册并填写中英文简历，这本身就是对毕业生的一大考验。通过这种方式，毕业生也可以进一步了解企业的文化和内部管理情况。四是从各类聊天软件和论坛上查找信息，里面有关求职的聊天群一般都是求职者自己建立起来的，其目的在于信息资源共享。

网上求职的不足之处是网上常夹杂着过时的信息或者虚假甚至是欺诈的信息，一定要注意甄别和防范。

读一读

部分求职网站名录

前程无忧网

中华英才网

应届生求职网

南方人才网

卓博人才网

百业招聘网

中国人才热线

528招聘网

智联招聘网

58同城网

猎聘网

3. 人才招聘会

除了学校自己组织的招聘会，学校外面还有大大小小、形式各异的招聘会，这些招聘会具有时间集中、地点相对固定、信息量大、双方面对面接触的特点，是毕业生获取大量就业信息并且进入直接面试状态的难得机会。毕业生通过招聘会搜集信息时，应注意主办单位、招聘会类型、规模、服务、费用等。毕业生通过这类招聘会不仅可以直接搜集许多不同类别的就业信息，而且能和用人单位直接洽谈达成和签订协议，比较简捷、高效，不足之处在于一般都要收取入场费用，此外还有参会交通、食宿等费用。

4. 社会关系网

利用各种社会关系获得就业信息是一个非常有效的渠道。每个人都可以通过自己身边的亲友、师长等社会关系，建立一个广泛的就业信息关系网络。毕业生手中的资源有限，社会经验也较浅，长辈则社会阅历比较丰富，社会交往广泛，拥有较多的社会资源，获取信息的渠道也很多，容易提供适合毕业生要求的信息，并且在帮助毕业生了解就业信息或推荐就业时积极、主动、不遗余力，因此毕业生要学会灵活运用这一渠道。

5. 社会实践和毕业实习

学生到用人单位参加社会实践和实习活动，有利于学以致用，了解用人单位的内部文化、工作情况和工作要求，更重要的是可以获取用人单位的需求信息，这种信息具有全面性、准确性的特点。表现出色的实习生，用人单位都会优先考虑录用。因此，学生在校期间应充分利用寒暑假、业余时间开展社会实践或实习活动，适当做兼职，表现出才华、能力与敬业精神，同时要了解就业形势、行业情况、职业发展机会、用人单位需求信息以及内部管理情况等，为日后的择业竞争奠定良好的基础。

6. 大众传媒

报纸、广播、电视、杂志等大众媒体是搜集就业信息的传统渠道，一般都会定期或不定期发布招聘信息，毕业生通过这些渠道，可以很容易就掌握大量就业信息。此类渠道的缺点是广告内容有限，无法深入了解用人单位的背景及相关信息，且多数用人单位要求毕业生先寄送简历，谢绝来访。报纸上的招聘信息也不排除有虚假信息，毕业生要尤其注意。

7. 人才中介代理机构

人才中介代理机构提供的就业信息多数是面向有经验的求职者，但仍不失为毕业生搜集就业信息的补充渠道。选择人才中介代理机构搜集就业信息一定要谨慎，要选择实力好、声誉好、效率高、专业性强、得到有关部门许可的机构。当前，有些人才中介代理机构为了赚钱，常不择手段，坑蒙拐骗，需要引起我们的高度警惕。

综上所述，就业信息有多种来源，每个信息渠道各有特点，各种来源的信息是互补的，毕业生要熟悉掌握，灵活运用。在搜集信息的过程中，要注意投入和产出的关系，不同类型的毕业生，应当尽量选择适合自己的收集求职信息的渠道，降低求职成本。

案例

广撒网，多捕“鱼”

小张同学在毕业前半年就开始积极地收集就业信息。首先，他到阅览室了解当前我国就业形势和国家的有关就业政策；其次，他联系学校就业指导机构老师与班主任，告知求职意向，留下自荐材料，请求老师推荐合适用人单位；再次，他拜托亲朋好友将合适的信息及时告知自己；最后，他到人才交流市场查询招聘信息，并做了较为详细的记录。

评析

小张通过阅览室的资料获得了政策类的信息，通过学校就业指导部门、人才交流市场、亲朋好友了解到了具体的就业信息。通过搜集多个渠道的求职信息，小张胸有成竹。

第二节　求职信息的筛选与应用

一、求职信息的筛选

在辨析真伪、删掉无效和内容残缺不全的信息基础上，毕业生要根据自己的需求并结合自己专业和特长等实际情况设置一套标准，对信息进行进一步筛选，只有这样，才能使获得的信息具有准确性、全面性和时效性，使之更好地为求职服务。因此，首先要对自己进行分析，可以通过以下一系列问题客观分析自己：我的核心竞争力是什么？我具备哪些专业理论知识和技术能力？我的兴趣爱好是什么？我的性格特征适合从事哪些职业？这份职业是否可以挖掘和提升我的能力？什么是别人做不到而我能做得到的？然后再通过比较，对搜集到的求职信息进行甄别，淘汰用处不大、不符合自身实际情况的信息。要想筛选出质量较高、较完整的求职信息，在筛选时毕业生可参考以下 6 个基本要素：

掌握重点。信息可以全面搜集，但在比较筛选之后，应把重点信息选出、标明并注意留存，一般信息则仅作参考。

善于对比。当我们从不同的渠道搜集到大量的求职信息后，可用对比鉴别的办法，确定其用处。

善于请教。当搜集到一些信息后，为了弄清信息的可靠程度，应当通过各种办法，找有关人士打听、澄清。

透彻了解。对于重要的信息要顺藤摸瓜、寻根究底，务求透彻了解，不能一知半解。要全面掌握情况，全面了解信息的中心内容。

避免盲从。在获取信息以后，不能一味盲从，那种认为亲友告诉我们的信息一定可靠、报刊上传播的信息肯定没问题的想法是不可取的。不要未经分析筛选就轻率地选择，这样往往会错过良机或耽误时间。

适合自己。一切信息都要用来对照衡量一下，看是否适合自己。千万不要好高骛远，挑选不适合自己的工作岗位。

课堂活动

从职业价值观角度探索自己的职业兴趣

职业价值观是人们职业活动的内驱力之一，也是影响职业决策的核心要素。以下一共有10个跟职业价值观相关的选项，每个选项满分为10分，每个人可以根据个人的喜好和追求打分：

1. 能发挥自己的才能
2. 工作中人际关系和谐
3. 工作内容符合兴趣爱好
4. 提供培训、继续教育等机会
5. 工作机会均等，公平竞争
6. 能够胜任
7. 工作内容具有一定挑战性
8. 工作内容多样丰富，不单调
9. 晋升机会多
10. 工作环境好

小叶同学就读于某技师学院的物流管理专业，她的职业价值观测评结果显示：在求职中她最看重的是工作内容是否符合自己的兴趣爱好，其次是希望工作内容能够丰富多样，再次是希望在较好的工作环境中发挥自己的才能。现在假如有“国际货代”

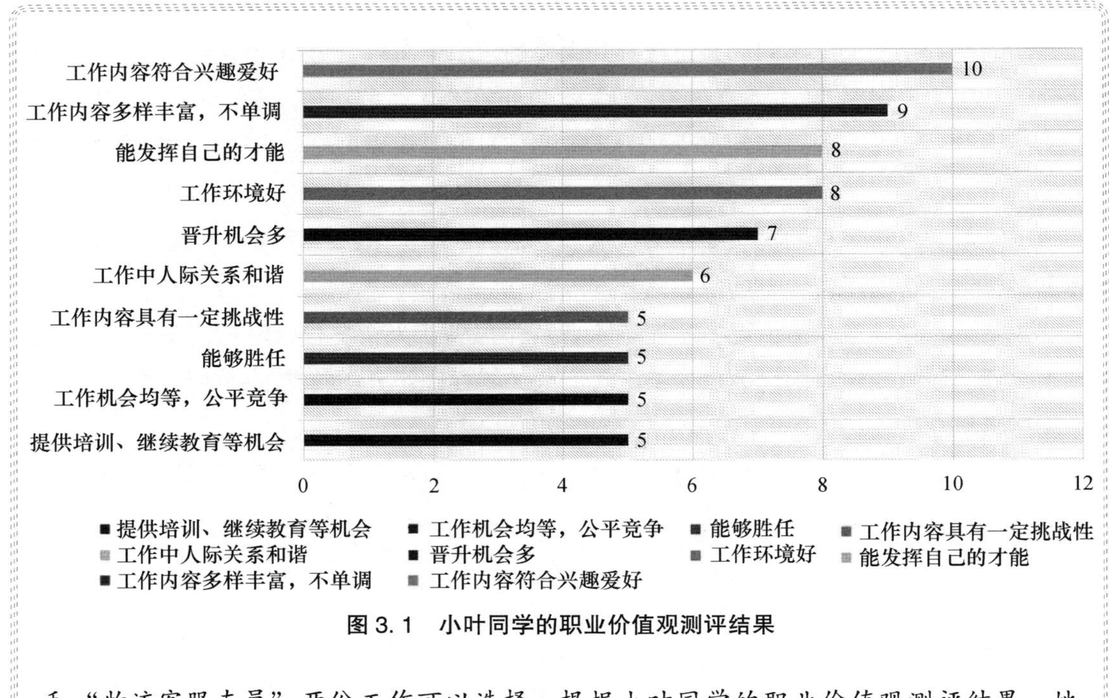

图 3.1 小叶同学的职业价值观测评结果

和“物流客服专员”两份工作可以选择，根据小叶同学的职业价值观测评结果，她应该会更侧重于选择“国际货代”这份工作。

现在请拿出你的笔，想一想：以上 10 个选项，你会如何打分？

二、求职信息的应用

应用求职信息实际上就是在求职信息搜集、筛选的基础上，充分利用可用信息付诸实践，进行职业知识能力提升、职业选择和职业确定的过程。毕业生只有充分利用了那些可用信息，全面分析市场的新需求，强化自身适应市场的知识结构、知识水平和综合素质，并帮助自己顺利完成求职这一过程，才算达到了搜集和分析筛选信息的目的。应用求职信息要注意以下方面：

首先，要充分利用有价值的信息，根据职业的要求和自己具备的条件，选择适合自己的最佳职业。先分析自身条件和实际状况，然后确定职业目标。确定职业目标还应把行业目标、收入目标、岗位目标、地区目标等考虑进去，最终形成最合适自己的职业目标。然后迅速做出决策，制定最佳实施方案和备选方案，必要时征求专业人士或亲友团的意见。记住，适合自己的才是最好的。

其次，求职信息有很强的时效性，又为众多求职者所共有，因此需求信息一旦选定，就要及时与用人单位招聘人员联系，不要犹豫不决，更不能守株待兔。应主动询问面试的要求，并准备好一套完整的求职材料，使需求信息尽早变成供需双方深度沟通的重要桥梁。要对照筛选出来的需求信息要求检查自己的不足，及时调整自己的期望值，改善知识结构，提高自己的工作能力。例如，发现自己哪方面的知识不足，要主动学习；发现自己哪方面的技能欠缺，要及时参加训练，以弥补自己的不足。

最后，有些信息对自己不一定有用，可是对他人十分有用，遇到这种情况，要及时输出对他人有用的信息。能主动输出对他人有用的信息，不仅可以帮助他人，还会增加与他人交流信息的机会，说不定也能从他人手中获得对自己十分有益的信息，帮别人就等于帮自己。

案例

如何搜集和利用就业信息

在某校毕业生宿舍，小赵在电脑前不停查找各种网站的信息，他根据自己的专业和兴趣选择就业岗位。天气一点儿都不热，但仍有大滴大滴的汗珠从他额头滚落。而他邻床的小杨早已胸有成竹，手中早就握着几个用人单位的就业意向书，从国企到民企，小杨虽犹豫不决，但脸上有种灿烂的表情。

是什么让同一专业、同一宿舍的他们在就业的重要关头表现如此不同呢？原因在于他们对就业信息掌握的情况不同。

小赵只是单一地在网站搜索就业信息，小杨则有更多的想法，他说：“我觉得自己能在求职时占据优势，主要是因为手头有很多就业信息可以选择。从查看学校就业指导机构提供的就业信息，到我自己去心仪企业网站链接上搜集招聘信息，我在尽可能多地搜集和利用就业信息，我是赢在了起跑线上。”

评析

两个同班同学，他们所拥有的获取就业信息的手段基本相同，一个胸有成竹，一个却一片迷茫。可见，在目前各种就业信息满天飞的情况下，是否能够正确地整理和运用就业信息直接关系到能否顺利就业。

第三节 锁定个人职业目标

一、职业目标的含义

职业目标又称职业生涯目标，是指个人在选定职业领域内的未来时间节点上所要达到的具体目标，通常包括短期目标、中期目标和长期目标。

职业目标的选择正确与否，直接关系到事业的成功与失败。没有职业目标的人，如同航行在茫茫大海中的孤舟，没有方向，不知所措。恰当的职业目标，就是我们漫漫职业生涯路途中的灯塔，指引我们走向成功，将理想变为现实。可见，职业目标的选择对事业发展是何等重要。选择职业目标至少应考虑以下几点：兴趣与职业的匹配程度、性格与职业的匹配程度、特长与职业的匹配程度、价值观与职业的匹配程度、主客观因素与职业是否相适应。

职业目标确定后，向哪一条路线发展，此时要做出选择。例如，要明确是向行政管理路线发展，还是向专业技术路线发展。在具体的岗位方面也需要做出选择。由于发展路线不同，对职业发展的要求也不相同。因此，在职业生涯规划中，必须做出最适合自己的抉择，以便使自己的学习、工作以及各种行动措施沿着自己的职业生涯路线前进。

个人职业生涯规划正是对个人角色的有效定位。毕业生要根据职业生涯规划理论与原则以及职业成功的标准，掌握正确的职业生涯设计方法，准确进行自我定位，合理规划职业方向，为主动迎接未来职业发展的挑战做好充分准备。

如何确立职业目标

案例一：小吴同学是幼师班毕业生，在校读书期间她就下决心将来为当地的幼教事业贡献力量，于是她刻苦学习专业技能和文化课，门门功课成绩优秀。毕业后，她先去私人幼儿园任教，细心琢磨幼儿心理，努力探索幼教规律，积累了丰富的教学和办学经验，之后办起了自己的幼儿园。几年时间里，她的幼儿园被评为县一级幼儿园、市文明幼儿园。

案例二：大力同学初中毕业后，进入了技工院校财会班学习。他觉得在校期间过一天算一天。他说，找工作就凭自己的运气了，有好去处更好，没事儿干也怨不了他。结果，他毕业几年后还待在家里无所事事。

评析

有目标就有了方向，有目标就会有动力。案例中的小吴同学一开始就清楚自己要什么，确立了明确的职业目标，取得了事业的成功；相反，大力同学没有目标，也就失去了方向与动力，所以他很迷茫，整天无所事事。可见是否设定正确的职业目标，是否为此不懈地努力，决定了两位学生不同的发展结果。

二、职业目标的锁定

针对个人特点确立未来发展方向，对一个人的一生来说显得格外重要。有清晰的发展目标的人，会找准自己的角色定位，做自己喜欢的事情，做到极致，收获成功。很多时候失败的人不是没有能力，而是角色定位的失败。

职业目标的锁定包括人生目标、长期目标、中期目标与短期目标的锁定。在一般情况下，职业目标的锁定是有次序的，我们首先要根据个人的专业、性格、气质、价值观，以及社会的发展趋势确定自己的人生目标和长期目标，然后再把人生目标和长期目标进行分解，根据个人的经历和所处的组织环境设定相应的中期目标和短期目标。

1. 人生目标

整个职业生涯时间长达 40 年左右，要设定整个人生的发展目标。例如，规划成为一个公司的董事。

2. 长期目标

5~10 年的规划，主要设定较长远的目标。例如，规划 30 岁时成为一家中型公司的部门经理，规划 40 岁时成为一家大型公司副总经理，等等。

3. 中期目标

一般为 2~5 年内的目标与任务。例如，规划到不同业务部门做经理，规划从大型公司部门经理到小公司做总经理等。

4. 短期目标

2 年以内的规划，主要是确定近期目标，规划近期完成的任务。例如，对专业知识的学习，2 年内掌握哪些业务知识，等等。

显然，我们有必要把我们的最终目标分解成若干个小目标，分别加以实施，这样我们在实现每个小目标的过程中都会充满动力，也减小了实施的难度。

总之，在确定以上各种类型的职业目标后，就要把目标转化成具体的行动方案和措施。在这一过程中，比较重要的有职业生涯路线的选择、职业的选择和相应的教育培训计划的制订。

职业生涯发展阶段

一个人在不同的发展阶段，对人生的追求和对职业的需要是不同的。比如，20 岁左右希望尽快进入职业角色；30 岁左右追求发展空间；40 岁左右追求突破，敢于冒风险；而 45 岁以上可能追求事业平稳，趋向于规避风险。认识到职业发展的阶段性和渐进性对个人进行职业生涯规划是十分重要的，可以使我们客观地评价自己和他人，做到不冒进、不沮丧，心中有数地向职业目标迈进。根据技工院校学生的年龄特质，我们把职业生涯划分为以下 7 个阶段，详见表 3.1。

表 3.1 职业生涯发展阶段

序号	年龄	职业生涯阶段	任务及特点
1	18~22 岁	准备期	建立自信心，学习专业知识和技能，培养以工匠精神为核心的人文素养、以职业技能为核心的职业素养；积极探索自我和职业世界，初步确立发展目标，努力找好第一份工作
2	23~26 岁	进入和适应期	开始正式工作，学会处理日常工作中所遇到的各种问题，在工作中进一步了解组织和岗位职责，了解自己的实际能力和兴趣；学会调整心态，尽快进行角色转换，搞好人际关系，积累经验；在工作中继续学习和提高，学习某一方面或多方面的专业知识
3	27~35 岁	事业发展初期（成长期）	继续培养核心竞争力，努力提高工作能力和业务水平，扩大业绩。有些人想改变工作内容或单位，以求新的发展
4	36~45 岁	事业发展中期（危险期）	核心竞争力形成期。有竞争力和有抱负的人将专心致志地投入到工作当中，以求有所创新，取得成就。有些人开始寻找自己的职业锚，希望能按照内心召唤重新调整人生方向。没有形成核心竞争力的人，此时因承载着太多的社会和家庭所赋予的责任而感到压力重重，甚至忧心忡忡
5	46~55 岁	事业发展后期（稳定期）	对大部分人来说，工作变动性降低，工作趋于稳定。这一阶段，有人欢喜有人忧，事业发展顺利者欢天喜地，事业持续发展；事业发展不如意者忧心忡忡，为生计疲于奔波。希望获得职业进展和改变方向的机会的人相对较少

续表

序号	年龄	职业生涯阶段	任务及特点
6	56~65 岁	成熟期	拥有多年积累的经验、人脉等，可与其他人共享其知识和经验，向组织证明自己的存在价值；减少工作流动，安心于现有工作，并逐步退出职业生活
7	65 岁以后	衰退期	这一阶段，对早期职业生涯比较成功的人来讲尤为艰难，要战胜失落感

议一议

根据课堂上老师所讲的内容，就读于物流管理专业的小叶同学开始构思自己的职业生涯规划，如图 3.2 所示。她即将毕业了，心仪的工作是国际货代。请在了解她给自己设定的短、中、长期目标后为她提出一些合理的建议或点评。

我的职业生涯规划						
职业目标	短期职业目标	以优异的成绩毕业，考取相关资格证书	完成时间	2018年9月—2021年6月	预期结果	获得优秀毕业生的称号，获得与物流相关的资格证书
	近期职业目标	货运代理人员	完成时间	2021年	预期结果	成为某企业的货运代理人员，开始积累在职经验
	中期职业目标	货运代理组长	完成时间	2023—2025年	预期结果	成为某企业的货运代理组长，并具备与岗位匹配的各种能力
	中长期职业目标	货运代理主管	完成时间	2025—2028年	预期结果	成为某企业的货运代理主管，并具备与岗位匹配的各种能力
	长期职业目标	公司高层管理人员	完成时间	2028年以后	预期结果	成为某企业高层管理人员，具备较强的管理能力

图 3.2　小叶同学的职业生涯规划

三、职业目标的态势分析

1. 态势分析法

态势分析法，又被称为 SWOT 分析法，它是国际管理和行为科学教授海因茨·韦里克于 20 世纪 80 年代初提出来的。

SWOT 分别代表：strengths（优势）、weaknesses（劣势）、opportunities（机会）、threats（威胁）。SWOT 分析法是一种战略分析方法，通过对被分析对象的优势、劣势、机会和威胁加以综合评估与分析得出结论，通过内部资源、外部环境有机结合清晰地确定被分析对象的资源优势和缺陷，了解所面临的机会和挑战，从而在战略与战术两个层面调整方法、资源，以保障被分析对象达到所要实现的目标，如图 3. 3 所示。

优势 strengths	劣势 weaknesses
机会 opportunities	威胁 threats

图 3. 3　SWOT 分析法

2. 职业目标态势分析

知彼知己，百战不殆。SWOT 分析也是毕业生进行职业生涯规划和求职竞争必须做的一项基础性工作。毕业生可以对自己拥有的优势、存在的劣势进行分析，发现自己求职取胜的机会和可能面对的威胁。

实际上，在求职竞争中，毕业生面临的情况变幻莫测，竞争状况难以事前准确预测，求职的优势、劣势相伴而生，机会与威胁相互转化。求职成功与否关键在于毕业生能否真正把握和利用自己的优势或相对优势，克服不利的外部因素和自身不足，抓住有利的因素和有利的时机，及时发现潜在威胁，最大限度地扬长避短，打动招聘方。

课堂活动

我的 SWOT 分析

晓同学就读于物流管理专业，她想做一名客服，她给自己做了一个 SWOT 分析（如图 3. 4 所示），非常不错，我们互相学习一下：

SWOT 分析能帮助毕业生快速、理性地剖析自己在求职方面的优势和劣势，从而更加从容地锁定求职目标。同学们可以结合自己的情况做一次求职前的 SWOT 分析。

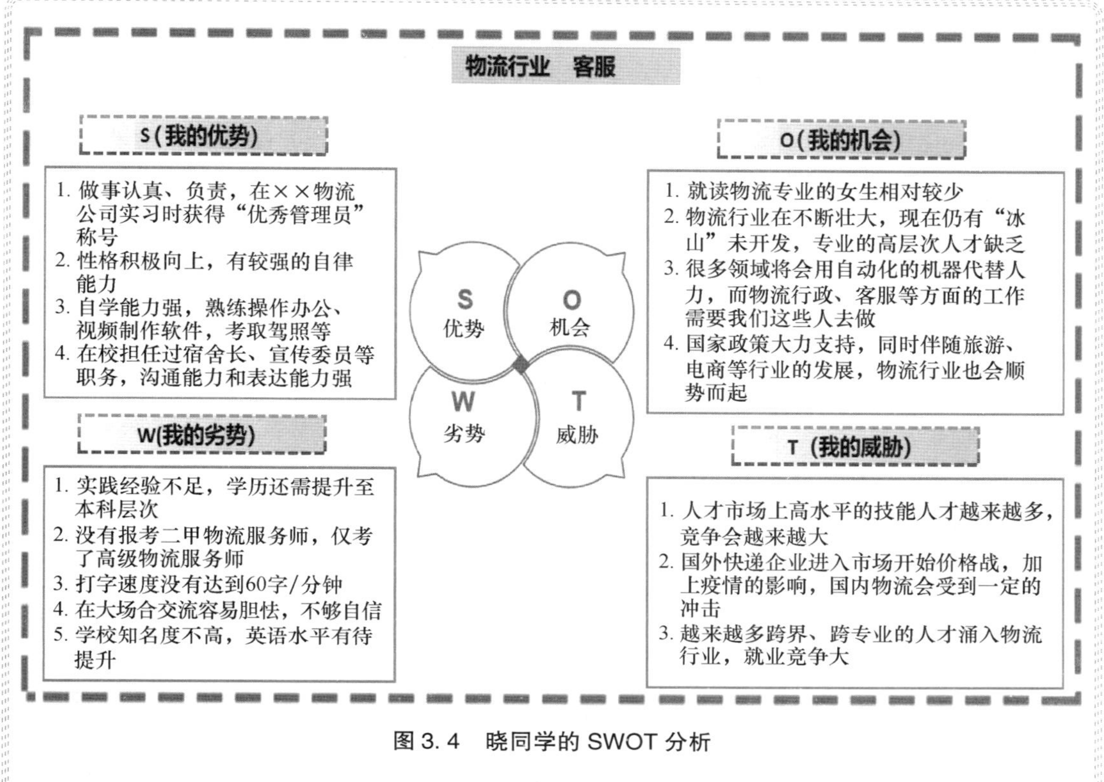

图 3.4 晓同学的 SWOT 分析

四、合理规划个人职业生涯

1. 职业生涯规划的原则

一般来说，规划个人的职业生涯应该遵循以下主要原则：

(1) 清晰性原则

清晰性原则是指目标、措施应清晰、明确，实现目标的步骤应直截了当。

(2) 挑战性原则

挑战性原则是指目标或措施应具有一定的挑战性。

(3) 激励性原则

激励性原则是指目标符合自己的性格、兴趣和特长，能对自己产生内在激励作用。

(4) 可行性原则

可行性原则是指职业生涯规划各阶段的路线划分与安排切实可行。

（5）可调性原则

可调性原则是指目标或措施应有一定的弹性或缓冲性，能根据环境的变化而调整。

（6）可持续性原则

可持续性原则是指职业生涯规划不只是一个阶段性的目标，而是一种可以贯穿自己整个职业生涯的远景展望，所以职业生涯规划必须具有利于长远发展的可持续性。

冯先生的烦恼

冯先生于工商财务管理专业毕业后，在一家中外合资企业从事了2年多的财务工作。但冯先生一直觉得自己不喜欢财务工作，于是转而做销售。不久，他发现销售也不好做，自己很难有成功把握。在朋友介绍下，冯先生去了一家网站做编辑，但编辑没当多久，冯先生又发现这份工作并不是自己真正想做的。寻寻觅觅中，倍感迷惘的冯先生不知自己的职业生涯该如何规划。

评析

其实，工作时间在5年以内的职场人士，常有冯先生这样的择业困惑。他们无法确定自己的职业生涯规划，工作中常常感到无所适从，只能频频跳槽。要解决冯先生的困惑，从操作方法看也不困难，只需对3个基本问题进行认真思考，就可以得出一个基本的结论：第一，你的专业是什么？第二，你想做什么？第三，你想做的是你能做的吗？

因此，在对自己的职业生涯规划产生迷惘时，先别仓促地重新选择职业，应该首先对自己的心态进行调整。在多数情况下，对职业的不确定是由心态造成的，也就是俗话说的“这山望着那山高”。

2. 职业生涯规划的制订步骤

职业生涯规划的制订步骤，概括起来主要有以下几个方面。

（1）自我评价

首先就是要全面、准确认知自己，这是最基础也是最关键的一步。一个有效的职业生涯规划必须是在充分且正确认识自身条件与相关环境的基础上进行的。要审视自己、认识自己、了解自己，做好自我评估，包括自己的兴趣、特长、性格、学识、技能、智商、情商、思维方式等，即要弄清我想干什么、我能干什么、我应该干什么、在众多的职业面前我会选择什么等问题。

（2）确立目标

确立目标是制订职业生涯规划的关键，通常目标有短期目标、中期目标、长期目标和人生目标之分。长期目标需要个人经过长期艰苦努力、不懈奋斗才有可能实现，确立长期目标时要立足现实、慎重选择、全面考虑，使之既有现实性又有前瞻性。短期目标更具体，对人的影响也更直接，也是长期目标的组成部分。

（3）环境评价

职业生涯规划还要充分认识与了解相关的环境，评估环境因素对自己职业生涯发展的影响，分析环境因素的特点、发展变化情况，把握环境因素的优势与限制。了解本专业、本行业的地位、形势以及发展趋势。

（4）职业定位

职业定位就是要谋求职业目标与自己的潜能以及主客观条件的最佳匹配。良好的职业定位是以自己的最佳才能、最优性格、最大兴趣、最有利的环境等信息为依据的。职业定位过程中要考虑性格与职业的匹配、兴趣与职业的匹配、特长与职业的匹配、专业与职业的匹配等。

（5）实施策略

制定实现职业目标的行动方案，要有具体的行为措施作为保证。没有行动，职业目标只能是一种梦想。要制定周详的行动方案，更要注意落实这一行动方案。

（6）评估与反馈

整个职业生涯规划要在实施中加以检验，看效果如何，及时诊断职业生涯规划各个环节出现的问题，找出相应对策，对规划进行调整与完善。

总之，确立职业目标，制订职业生涯规划，选择好职业发展路径，有利于毕业生认识自我、了解自我、发展自我，实现自己的人生目标。有了明确职业目标的人才会坚定地朝着自己的方向前进，有了明确职业目标的人才会感觉生活和工作充实，更有创造力。

实践与探索

1. 个人任务

（1）制作一份个人职业生涯规划书。

（2）自我探究。

①请从以下表述性格的形容词中找出描述自己的词。

温柔　腼腆　多疑　直率　莽撞　活泼　幽默　热情　拘谨　谨慎　无情　怯弱　暴躁　尖刻　友善　侠义　忠诚　机智　冷静　认真

②请 1 位好朋友描述自己的性格。

你是（　　　　　　　　　　　　　　　　　　　）。

你是（　　　　　　　　　　　　　　　　　　　）。

你是（　　　　　　　　　　　　　　　　　　　）。

③请用 3 句话描述自己的性格。

我是（　　　　　　　　　　　　　　　　　　　）。

我是（　　　　　　　　　　　　　　　　　　　）。

我是（　　　　　　　　　　　　　　　　　　　）。

④通过好朋友、自己的评价，分析自己的职业性格。

2. 小组任务

请你就所学专业相关的职业对从业人员个性的要求进行社会调查，然后填写表 3.2。

表 3.2　相关职业对从业人员个性的要求

工作岗位	兴趣	性格	价值观	气质

第八课　应聘准备

学习目标

通过本课的学习，我们能够做到：

1. 了解求职信和简历的结构、笔试和面试的类型及面试过程；
2. 掌握求职信和简历的写作技巧、笔试和面试的答题技巧；
3. 学会制作求职信和简历，学会为笔试和面试做准备。

第一节　求职材料的制作

一、求职材料的构成

毕业生进入人才市场，与用人单位接触，究竟应准备哪些求职材料呢?

求职的书面材料主要包括求职信、简历、就业推荐表及其他材料。这里所说的其他材料，主要包括学校教务部门出具的成绩单、相关证书复印件（外语等级证书、计算机等级证书、各类奖学金及获奖证书、技能等级证书、职业资格证书等的复印件)、社会实践（实习）证明资料、院系教师的推荐信、公开发表的文章及其他成果复印件等。

就业推荐表

就业推荐表是学校就业指导中心发给每个毕业生填写的并附有学校意见（鉴定、评价等）的书面推荐表格。该表一般由3部分组成：一是毕业生本人的情况介绍，二是毕业生所在院系的推荐意见，三是毕业生所在学校就业相关主管部门的推荐意见。一般来讲，这个表格是学校正式向用人单位推荐毕业生的书面材料，具有较大的权威性和可靠性。用人单位往往对该表比较重视，因此，毕业生应认真填写，妥善保管。

二、求职材料的制作原则

精心准备求职材料是毕业生迈向求职成功的第一步。无论是求职信、简历，还是就业推荐表等材料，毕业生在准备时都应该注意以下几个方面。

1. 力求真实，取舍得当

求职材料是毕业生学习生活的全面反映和总结，在内容上必须真实，应避免以下两种情况：虚构经历、有意遗漏。有的毕业生为了使自己脱颖而出，虚构了很多自己在学校期间的社会实践和获奖情况。例如，实习了几天，就说有了丰富的工作经历和经验；当过几天班干部，就说自己是学生会主席。这些做法往往适得其反，真实介绍自己，在求职中不一定一次成功，但造假的结果肯定是失败。

求职材料力求真实

毕业生小李来自农村，平时生活俭朴，作风踏实，专业成绩比较优秀，但用人单位看到小李求职材料中的“父母”一栏并未填写。小李未填写这栏是害怕因父母是农民而受到用人单位歧视。

评析

本来小李来自农村，生活俭朴，作风踏实，在某些职业岗位竞争中是有优势的，结果他却理解为劣势。对于求职材料中必填部分，如民族、籍贯等，有的毕业生以为会成为求职障碍，故意漏填或欺瞒，这样做会给人留下不坦诚的印象，容易导致求职失败。

2. 全面展示，突出重点

自我优点的叙述要避免假、大、空，应突出强调自己能力与职位相符合的部分。如果用人单位是一家外资企业，就应该重点强调外语水平或者干脆准备英文求职材料。如果大段地使用思想道德品质好、组织管理能力强、擅长人际沟通等自我评价，其效果并不好，应该用事实证明自己的能力和优点，只有这样，才更有说服力。

3. 言简意赅，设计美观

有人统计，用人单位花在每份求职材料上的平均时间也就 1 分钟左右，所以一定要使自己的求职材料内容精练，用最概括的语言表达最合适的内容。在注意内容的同时，还必须特别注意设计包装应该美观、大方、得体。所有材料都要进行必要的版面设计，而且设计要富有新意。

4. 认真细致，杜绝错误

制作求职材料时要认真、细致，杜绝一切错误，无论是语法上的、用词上的还是标点符号上的。即使是小错误，用人单位也可能会认为该毕业生的水平及做事的认真程度有问题。一些毕业生可能真的很出色，求职材料也做得很漂亮，但就是因为一个不经意的错误，使得用人单位对其印象大打折扣。

三、求职材料的制作

1. 求职信

求职信，也称自荐信，是毕业生在搜集求职需要的信息后有目的地向用人单位做的自我介绍。它是针对特定用人单位（岗位）的特定人写的，主要表述毕业生的主观愿望和特长，以求吸引招聘者的注意力，取得面试机会。求职信在求职过程中作用重大，是毕业生自我推销、展示自己公关能力的重要一环，因此，求职信从形式到内容都应给人以美感。

(1) 求职信的书写格式

一般来说，求职信属于书信一类，因而它的格式应符合书信的基本要求，也应包括称呼、正文、结尾、署名、日期和附录等方面的内容。

①称呼

求职信的称呼与一般书信不同，书写时必须正规，在彰显尊敬之意的同时要得体。如果写给用人单位领导，可用“尊敬的××董事长（厂长、经理）先生”，切忌使用“××老前辈”“××师兄”等不正规的称呼。问候语力求简洁规范，一般用“您好”。

②正文

正文即主要内容，是求职信的主体和关键，主要分为 3 个部分。

首先，写出信息来源渠道，简单说明用人消息的来源及对该用人单位的印象。尽量不要在信中出现“冒昧”“打搅”之类的客气话，用人单位发出招聘信息，自己去应聘，不存在打搅的问题。

其次，在正文中要简明扼要地介绍自己与应聘职位有关的学历、经历、成绩等，使对方从阅读之始就对我们产生兴趣。但这些内容不能代替简历，较详细的个人简历应作为求职信的附录。

最后，应说明自己具有专业知识和社会实践经验，以及与工作要求相关的特长、兴趣、性格和能力，这是求职信的核心部分。在介绍时，一定要突出与所申请的职位有联系的内容，不用呈现那些与职位毫不沾边的内容。

③结尾

结尾一般应表达两个意思：一是希望对方给予答复，并盼望能够得到参加面试的机会；二是表示敬意、祝福，如使用“顺祝愉快安康”“深表谢意”“祝贵公司财源广进”等词句，也可以用“此致敬礼”之类的通用词。

不要忘记在结尾认真写明自己的联系方式，以方便用人单位联系。

④署名和日期

署名处直接签上自己的名字即可。日期在署名的右下方，用阿拉伯数字书写，年、月、日应写全。

⑤附录

求职信一般和学历证书、技能等级证书、获奖证书等有效证件的复印件一同发出。

⑥篇幅

求职信一般在 1 000 字左右为宜，切忌篇幅过长，洋洋洒洒很多页，容易使对方厌烦；也不能太短，或表达不完整、不清楚，无法让对方了解毕业生的完整情况。

案例

求 职 信

尊敬的经理先生：

您好！几天前，我了解到贵公司想招聘两名产品推销员，很愿意一试，故大胆地给您写信应聘。

我所学的专业是市场营销，今年 7 月将从××学校毕业。在去年暑假期间的社会实践中，我曾为贵公司做过 1 个月的商品促销工作，贵公司产品的良好质量和优越性能，给我留下了深刻印象，我也由于促销得力受到有关人士的好评。我希望能到贵公司工作，为公司扩大销售尽自己的微薄之力。

我经验尚浅，自知自己的学识水平与贵公司要求有一定距离，但我相貌端庄、身体健康、吃苦耐劳、谦虚好学、乐于助人，有良好的环境适应能力和人际交往能力，这些都是一名优秀产品推销员必不可少的基本素质。

我为人朴实、正直，学习成绩优良，在校期间多次被评为优秀团员、三好学生、模范学生干部。我在外语、计算机操作方面都具有一定的实际应用能力（附上个人简历，请参考）。

我真诚希望成为贵公司的一员，如贵公司能给我一次面试机会，我会非常珍惜和感谢。我的电话是：×××××××××××，电子邮件地址是：×××@×××.com。热诚地期待您的答复。祝您工作顺利！

此致

敬礼！

求职者：×××

××××年××月××日

评析

这是一封比较成功的求职信。第一，它是针对特定的工作岗位来写的，求职者叙述的情况与岗位要求相符合；第二，符合求职信撰写格式的要求；第三，文字活泼，字数适宜，自我推销适度，使人读起来不觉得乏味；第四，没有出现语法、用词等方面的错误。

（2）撰写求职信的技巧

①语气不卑不亢

尽管我们现在有求于人，但我们不是在请求施舍，而是以自己的工作能力证明我们对用人单位是有价值的。因此，保持不卑不亢是比较恰当的。

②内容实事求是

求职信切忌言过其实。例如，学习了什么课程，就写什么课程；具备多少知识能力，就写多少知识能力。我们应聘的职位往往是面试主考官非常熟悉的，如果在求职信中弄虚作假，往往会适得其反。没有突出的成绩也不要过于自卑，每个人都有自己的优点和特长，要努力挖掘、细心分析，恰当地描述自己，这同样会得到用人单位的认可。

议一议

同一个班级的学生应聘同一家企业的同一个岗位，求职信中出现了十几个班长和七八个学生会主席，这让面试主考官对来自这个“精英”班级的毕业生全都产生了怀疑，结果这些毕业生都落选了。

假如你写求职信，但你成绩又不够突出，没有很多的证书，你会怎么写呢？

③文字整洁

求职信是用人单位对毕业生取得第一印象的载体。求职信文字整洁，容易给用人单位留下良好的第一印象，而字迹潦草则会给用人单位留下办事草率、敷衍了事的不良印象。如果毕业生写得一手好字，就工工整整地写，这将为求职信锦上添花。如果自己的字实在难登大雅之堂，最好用电脑打印求职信，这样既避开了写字不好的缺陷，也可以展示自己用电脑编辑文字的能力。

④包装别致精巧

除了要准备电子版的求职信，还应打印出纸质的求职信。

为了使求职信引人注意，要精心选择求职信的信封、信纸，这也是很重要的一环。同时切忌豪华包装，这样的求职信容易引起不必要的误会。

⑤开头语要简洁，具有吸引力

要在求职信的开头就抓住读信者的心，使对方不得不往下看。用人单位每天都会收到几百封求职信，过于烦琐的开头语会使读信者感到厌烦而失去读下去的耐心。

⑥重点突出，具有针对性

在撰写求职信时，并不需要把自己的所学所做全部写出来，而应该有所取舍、突出重点。倘若要应聘一家电脑公司的职位，就要把介绍的重点放在所学到的电脑知识方面。如果还有国家计算机等级证书、网络工程师证书等，就更有分量了。

图 3.5　不需要罗列过多与所求职位无关的证书

⑦创意新颖独特，富有个性

当今时代，人才济济，毕业生在求职过程中如果能别出心裁，使自己的求职信极具新意，富有个性，则容易脱颖而出。但是，创意运用不当也会导致画蛇添足。例如，有位女生，长着娃娃脸，老师同学都说她可爱，她也一直这么认为。她的求职信为了突出个性、讲究创意，选用了卡通信封和信纸。蓝色背景的信纸上求职内容几乎看不清，最清楚的是信纸底端两个胖胖的小猪在笑。这位毕业生要应聘的是用人单位的某管理岗位，选择卡通风格的求职信纸会给人留下不够成熟、难以胜任管理岗位的印象。

案例

一份新颖独特的求职信

一个南下求职者寄出了一沓沓求职信，却一直没有回音，因而心急如焚。后来，他调整心态，写了一封新颖的求职信，展现了其独特的创新意识和才华，很快就被一家广告公司录用了。他的求职信的正文是这样构思的：设计一个标题——“我要‘嫁’人”，四个大字，既通俗醒目，又耐人寻味，任何人读到此信都会被他的创意所打动，也会饶有兴趣地看个究竟。接下来的两部分分别是“期待的你”和“现实的我”。在“期待的你”这部分内容中，他表达了对该公司的仰慕和求职的愿望；在“现实的我”这部分内容中，他介绍了自身情况。他把标题也做了富有寓意性的设计，“嫁”字加了引号，“人”字是英文 Advertisement（广告）词首“A”的一部分，后面的字母做了淡化处理，这样一来，标题又可理解为“我要嫁广告”，这既表明了求职者强烈的求职愿望，又表达了他愿将自己“嫁”给广告公司的敬业精神。

评析

该求职者的求职信新颖，富有个性，而且正好符合用人单位的人才需求，因而他成功了。创意是多维的、无限的，它无明显的规律可遵循，但以新颖、独特的方式吸引和打动用人单位，是行之有效的。

⑧精心选择语言，力争打动对方

写求职信时要注意自己的求职身份，即自己有求于对方，语言上一定要仔细斟酌，切不可粗心大意，引起对方反感。最常见的问题，一是给对方限定时间，二是给对方规定义务，三是用以上压下的口吻。所以，在撰写求职信时，行文用词须简明扼要、大方得体，以期打动对方。

2. 简历

简历是毕业生生活、学习、工作的经历与成绩的概括和总结，它提供给阅读者的信息应该是全面而直接的。用人单位从毕业生的简历中能够看出该毕业生在业绩、能力、性格、经验方面的综合表现。在通常情况下，用人单位都是通过简历了解毕业生的经历，从而决定该毕业生能否参加下一轮的面试。在得到面试机会之前，简历代表了毕业生的全部形象，从某种意义上说，简历决定求职是否成功。

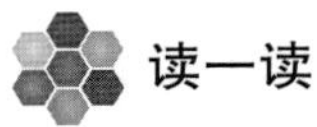
读一读

简历与求职信的不同

求职信重在阐述求职的愿望、理由和条件，力求说明自己能够胜任某类工作。简历侧重展示自己的资历，是对求职信中提到的求职条件更为详尽的描述。简历是求职信的附件，是求职信的补充和佐证材料。

（1）简历的基本内容

简历中主要介绍自己的基本情况，包括学习经历、工作经历、个人成绩和特长等。简历作为重要的求职材料，一般附在求职信后面，目的是让用人单位更具体地了解自己，争取获得面试的机会。一份完整的简历通常包括以下内容。

①个人基本情况

个人基本情况包括姓名、性别、出生日期、民族、籍贯、政治面貌、联系方式等，这一部分内容一般放在简历的最前边。

②求职意向

求职意向宜开门见山：我希望从事××××工作。如果用人单位的招聘信息中有两个以上的职位可以应聘，那么可以写一两个求职意向，但求职意向最好都与自己的专业相关，否则会给用人单位留下求职目标飘忽不定的印象。

③教育背景

这部分最好以倒叙的方式来写，首先列出最高学历，然后再回溯，要写明就读学校及专业情况。教育背景也包括正规、非正规的成人教育和专业培训，这些都能证明自己的知识水平和技术能力。

④工作经历

对于毕业生来说，要重点写明自己实习、勤工俭学、志愿者、社团工作及社区工作等经历。例如，曾经参加过的社团、担任的职务及主要经历，参加社会实践及实习的时间、地点和效果，参加勤工俭学的经历及效果，等等。

⑤所获荣誉

荣誉的类型是多种多样的，最好列举与用人单位所要求的技能相关的荣誉。

⑥相关能力与特长爱好

常规技能一般指电脑技能、语言技能、沟通技能等。例如，普通话、外语、计算机、文体等方面的等级与水平。

专业技能指所学专业及获得的技能等级证书，一般与应聘职位有直接联系。

特长和兴趣爱好方面，要强调能给自己求职加分的特长和兴趣爱好，不要写与求职无关的。

(2) 制作简历的技巧

①针对求职岗位设计，填写时不留空白

无论毕业生的专业和择业职位是什么，有一些内容是一定要出现在简历上的，那就是姓名、性别、出生年月、籍贯、婚姻状况、教育背景（包括学历和所学专业）、语言能力和电脑操作能力、申请职位和事业发展方向等，这就好比登台亮相，一出场就给人留下完整的印象，同时也能表明毕业生的做事态度认真，懂得职场礼仪。

②用事实表现自我能力

毕业生的工作、学习经历，包括实习单位的名称、本人在实习单位的职位和职责、个人工作成就等，是毕业生个人价值的直接体现。如果一个毕业生曾在销售岗位上实习，那么最有力的证明就是他所取得的销售业绩，应尽量用数字表明已取得的业绩。如果比较满意实习单位写的评语，不要忘记将它附在简历之后。总之，动动脑筋，结合实际情况，找出最能表明能力的真实例证。

图 3.6　在简历中要表现自我能力也要基于事实

③简历内容简洁，与求职信相互补充

简历不必太长，因为招聘者没有时间阅读太长的简历。我们只需精心地选择一个合适的角度，突出自己的优点，给招聘者留下深刻的印象，同时告诉招聘者，自己是一个清楚自身价值，知道自己的路该怎么走的人。其他方面的自我展示，可用求职信补充，二者相互印证，力求让用人单位对自己有一个全面、客观的认识。

④简历完成后注意检查与美化

做完简历后，还有几件看似小却不容忽视的事：要调整简历的格式，使之看上去清晰、美观，就像给它穿上漂亮的衣服；要检查用词和标点，避免出现错误。

课堂活动

请根据个人实际情况填写表 3.3。填写好后互相检查一下：是否有书写错误或格式错误？有没有未填写的重要经历？填写时，可以参考表 3.4。

表 3.3　个人简历

<table>
<tr><td>姓　　名</td><td></td><td>性　　别</td><td colspan="2"></td><td rowspan="4">相片</td></tr>
<tr><td>出生年月</td><td></td><td>民　　族</td><td colspan="2"></td></tr>
<tr><td>政治面貌</td><td></td><td>健康状况</td><td colspan="2"></td></tr>
<tr><td>学　　历</td><td></td><td>籍　　贯</td><td colspan="2"></td></tr>
<tr><td>邮政编码</td><td></td><td>身　　高</td><td></td><td>体重</td><td></td></tr>
<tr><td>电子邮箱</td><td colspan="2"></td><td>联系方式</td><td colspan="2"></td></tr>
<tr><td>联系地址</td><td colspan="5"></td></tr>
<tr><td>求职意向</td><td colspan="5"></td></tr>
<tr><td rowspan="3">教育背景</td><td>时间</td><td colspan="3">学校</td><td>专业</td></tr>
<tr><td></td><td colspan="3"></td><td></td></tr>
<tr><td></td><td colspan="3"></td><td></td></tr>
<tr><td>主修课程</td><td colspan="5"></td></tr>
<tr><td>技能证书</td><td colspan="5"></td></tr>
<tr><td>获奖情况</td><td colspan="5"></td></tr>
<tr><td>实践经历</td><td colspan="5"></td></tr>
<tr><td>自我评价</td><td colspan="5"></td></tr>
</table>

表 3.4 个人简历（示例）

<table>
<tr><td>姓 名</td><td>李思</td><td>性 别</td><td colspan="2">女</td><td rowspan="4">相片</td></tr>
<tr><td>出生年月</td><td>2001.10.6</td><td>民 族</td><td colspan="2">汉</td></tr>
<tr><td>政治面貌</td><td>团员</td><td>健康状况</td><td colspan="2">良好</td></tr>
<tr><td>学 历</td><td>大专</td><td>籍 贯</td><td colspan="2">广东广州</td></tr>
<tr><td>邮政编码</td><td>510000</td><td>身 高</td><td>1.62 m</td><td>体重</td><td>48 kg</td></tr>
<tr><td>电子邮箱</td><td colspan="2">1234××33@××.com</td><td colspan="2">联系方式</td><td>136××××8404</td></tr>
<tr><td>联系地址</td><td colspan="5">广东省广州市××区××路××号广东省××技师学院</td></tr>
<tr><td>求职意向</td><td colspan="5">幼儿教师</td></tr>
<tr><td rowspan="2">教育背景</td><td>时间</td><td colspan="2">学校</td><td colspan="2">专业</td></tr>
<tr><td>2017.09—2022.06</td><td colspan="2">广东省××技师学院（全日制高技）</td><td colspan="2">幼儿教育（舞蹈方向）</td></tr>
<tr><td>主修课程</td><td colspan="5">幼儿英语、奥尔夫音乐、书法、手工、美术、钢琴、中国舞、现代舞、古典舞、民族舞、舞蹈创编、舞美等</td></tr>
<tr><td>技能证书</td><td colspan="5">1. 普通话二甲证书
2. 获得中国舞蹈考级 1~3 级</td></tr>
<tr><td>获奖情况</td><td colspan="5">1. 2021 年 5 月，获××市“桃李杯”舞蹈大赛团体舞第一名
2. 2020 年 6 月，获校“优秀学生会干部”称号
3. 2017—2021 年，4 次获校“三好学生”荣誉称号</td></tr>
<tr><td>实践经历</td><td colspan="5">2020.07—2020.09 ××市爱宝宝早教 副班主任
工作职责：
1. 负责接园、送园等工作
2. 配合班主任完成教学工作，如拍照、管理秩序、处理突发情况等
3. 参与测评周活动，为测评的幼儿家长服务，推荐适合的课程</td></tr>
<tr><td>自我评价</td><td colspan="5">本人热爱教育行业，爱好音乐、舞蹈、手工制作等，在校期间也有过相关的幼教经历，性格开朗，责任心强</td></tr>
</table>

第二节　笔试和面试

一、笔试

1. 笔试的含义

笔试是用人单位采用书面的形式对毕业生的基本知识、专业知识、文化素养和心理健康等综合素质进行考核和评估的一种方法。

2. 笔试前的准备

（1）了解笔试内容，做到心中有数

首先，要明确笔试内容。

其次，要将学以致用作为笔试准备的出发点。现在求职考试越来越注重考查毕业生用学过的知识解决问题的能力。从考试准备的角度来讲，知识分为两大类：一类是主要靠记忆掌握的知识，另一类是通过不断运用而掌握的知识。实际上，现在的求职考试主要是考毕业生对知识的运用能力。

最后，要明确目标，不懂就问。笔试前，用人单位一般都会通过网站、电话、邮件或其他形式将笔试的有关通知告知毕业生。毕业生如果在查阅了有关笔试的资料后，仍然不清楚笔试的内容和要求，那么最有效的办法就是直接咨询用人单位的相关联系人。

（2）了解笔试重点，进行科学复习

要合理安排学习计划，掌握科学的复习方法。例如，常考的题型有填空题、选择题、判断题、简述题等，每种题型都有其特点。可以从各种考题的特点出发，熟悉各种考题的题型，了解每种题型的答题方法。

（3）积极调节身心，保持良好状态

在笔试前，应在心理与生理两个方面做好准备。做好笔试前的心理准备，有很重要的意义，不可忽略。

（4）熟悉考试环境，做到有备无患

提前熟悉考试环境，有利于消除应试时的紧张心理。考试时，应仔细阅读或聆听考场注意事项，按照要求做好。除携带必备的证件外，一些必备的文具（2B 铅笔、橡皮等）也要准备齐全。

3. 笔试的技巧

（1）保持最佳考试状态

调整心态，张弛有度。只有适度紧张，情绪稳定，才能够进入最佳状态，才有可能取得理想的成绩。如果试卷中出现难题，也不必紧张，应该相信大家的水平相近，难题对于大家来说是一样的。

（2）通览全卷，确定答题步骤

笔试题型多、内容多，又要限时作答，因此，必须合理安排答题时间。拿到试卷后，先要看清楚答题注意事项和答题要求，然后从头到尾迅速浏览一下题目，了解题目类型、题目数量、分值分布、难易程度，根据先易后难、先简后繁的原则确定答题步骤和答题速度。遇到分值较大的综合题或论述题，应先列出提纲，再逐条撰写。

（3）精心审题，认真作答

在作答时，必须认真审题，逐字逐句分析题意，切实理解题目的要求，然后再按要求作答。

（4）全面检查，防止遗漏

在答完试卷后，要尽量挤出时间，进行一次全面检查，要特别注意不要漏题、跑题。

在招聘过程中，有些用人单位会在面试前先采用笔试的方式进行初步的人才选拔。笔试形式有书面测试和人机对话等方式。测试内容可分为专业能力测试、智商测试、心理测试、综合能力测试等几大类型。下面是某市轨道交通行业（站务岗）招聘考试的综合能力测试题，希望能给同学们一些启发。

1. 单选题

（1）“问政于民，问需于民，问计于民”的哲学依据是（　　）。

A. 坚持一切从实际出发，实事求是

B. 价值观具有导向作用

C. 尊重客观规律与发挥主观能动性相结合

D. 人民群众是实践的主体

（2）某市一条大街长 7 200 米，从起点到终点共设有 9 个车站，那么每个车站之间的平均距离是（　　）。

A. 780 米　　B. 800 米　　C. 850 米　　D. 900 米

2. 多选题

（1）关于乘客进站乘车通过闸机的说法，正确的是（　　）。

A. 乘客通过闸机进出站时，应排队依次刷卡、投票，不冲闯闸机

B. 婴儿车、轮椅等物品不可以携带至地铁上

C. 带领幼童过闸机的乘客，应将幼童抱起

D. 节约时间，争先通过

（2）在站台候车、乘车时哪些事项是正确的（　　）。

A. 不得在安全门或屏蔽门边缘与黄色候车线之间行走、坐卧、放置物品

B. 列车停稳后遵从先上后下原则，乘客按地面箭头指示从车门两侧依次上车

C. 列车车门蜂鸣器响，车门及屏蔽门、安全门警示灯亮，乘客应抓紧上车

D. 车门、屏蔽门、安全门开启、关闭时，不得触摸车门、屏蔽门和安全门

3. 判断题

（1）城市轨道交通因故不能正常运行的，乘客有权持有效车票要求城市轨道交通运营单位按照单程票价退还票款。（　　）

（2）根据《城市轨道交通行车组织管理办法》，正常情况下列车应按双线、右侧单方向运行。直线型线路行车方向以自西向东、自南向北为上行，以自东向西、自北向南为下行。（　　）

二、面试

1. 面试的含义

面试是面试者经过精心设计，在特殊场景下以面对面的交谈与观察为主要手段，由表及里测评毕业生有关素质的一种测试方式。

2. 面试的准备

（1）明确面试前的 3 个要素

明确面试前的 3 个要素：时间、地点、联系人。在一般情况下，用人单位会用电话告知面试的时间和地点。这时，最好记住用人单位的联系人。参加面试时绝不能迟到，必须预留足够的时间应付意外，最好提前 15 分钟赶到面试的地点。若不是太远，最好面试前跑一趟面试的地点，还可以去用人单位看一下，如向服务台询问一些基本的问题，索取有关资料或印制品，熟悉用人单位的文化氛围，观察雇员的打扮及作风。以上一切，将对增加面试信心大有帮助。

（2）充分了解用人单位及应聘岗位

面试前不能对将要应聘的用人单位和岗位一无所知。面试前要做好调查工作，尽力找寻相关资料，了解面试的用人单位的大致发展情况、应聘岗位职责及所需的专业知识和技能，做到知己知彼。

（3）把自己的资料准备妥当

首先，准备好自己的有关证明材料，如毕业证书、技能等级证书、职业资格证书、获奖证书等。其次，准备好可能会遇到的问题的答案或回答思路，面试前要充分重视自我介绍，将自己的有关情况浓缩提炼，拟好提纲，打好腹稿，以便在很短的时间内能够完整、流利地介绍自己。最后，准备好和应聘岗位有关的业务知识和技能，熟知这方面的知识，练习有关的技能。因为在面试时，用人单位很可能会问某一方面的问题，或当场测验。

（4）做好面试的心理准备

想要面试成功，就必须充满信心，保持积极的心态，做到满怀信心地在面试中一展自己的风采。

3. 面试的技巧

（1）自我介绍突出重点

很多人在面试时需要自我介绍，不少人只介绍自己的姓名、年龄、爱好、工作经验。其实，用人单位最希望知道的是毕业生能否胜任工作。因此，在自我介绍时，要重点介绍自己最强的技能、最擅长的知识领域、个性中最鲜明的部分、做过的最成功的事，以及主要的成就等。

课堂活动

自我介绍

分别做一次 1 分钟和 3 分钟的自我介绍。要求如下：

1. 1 分钟的自我介绍：除了要有基本的个人信息介绍，还要展现出自己有哪些专业特长或工作能力，以便引导考官进一步提问。

2. 3 分钟的自我介绍：在 1 分钟自我介绍的基础上，设想考官会对哪些问题感兴趣，并对此进行详细说明，以突出自己与职位的匹配度为重点。

（2）问题应答客观清晰

回答问题时要客观、条理清晰、语速适中，力争引起对方的兴趣，切忌撒谎和浮夸。要充分表达出自己对工作的热忱和对未来的信心。对于敏感问题如薪酬问题，可以这样回答：

“我比较看重该职位的发展和晋升机会，薪酬多少并不重要，重要的是我的工作能力和专业知识是不是贵单位所需要的，我是否能为单位争取更大的利益。”然后顺势将话题由薪酬转到展示自己以往突出的工作成绩、良好的综合素质以及能为用人单位做贡献的专业领域上来。要注意尊重考官，在回答每个问题之后都说一句“谢谢”。

课堂活动

面试应答

示例一：

考官：你为什么想进入我们公司，知不知道我们公司的工作压力会很大？

求职者：您好！贵公司是我一直向往的公司，贵公司提倡的创新进取、精益求精、协作共进的企业文化深深吸引了我，本次招聘的职位又刚好和我的专业对口，我就毫不犹豫地投递了简历，也十分荣幸贵公司给了我这次宝贵的面试机会。至于工作压力，我也有充分的心理准备，作为年轻人我不怕压力，我认为压力越大，越能实现个人能力的提升。

点评：示例一中的回答很真诚，也非常有礼貌，体现了年轻人积极向上的精神风貌。在面试前，求职者花心思了解了用人单位的基本情况，这在面试中是一个加分项。而对于压力问题的回答，也是充满正能量的，给用人单位留下了很好的印象。

示例二：

考官：你计划在我们公司工作多长时间？

求职者：我认真调研过这个职位的常规职责，要想成为一个能手起码需要3～5年的磨炼，而想成为一名高手，最少也要有10年的积累，所以我本人是想在这一职位上深耕下去，不想跳来跳去，不停地做无用功。而且贵公司的企业文化，也会激发我持久工作的热情，我愿意全身心地投入到这份工作中去。

点评：求职者在回答这一问题时不能绝对地说“我永不跳槽”，这样显得不够真诚，也不要回答一个很短的时限，否则就会给考官两个方面的暗示：一是求职者没有长远的职业规划，二是求职者身上存在着很大的不稳定因素，随时可能离开。求职者在这里就采用了实中有虚的回答：实实在在地回答了自己目前的职业规划，避重就轻地回答了自己能在公司工作多久的问题。

练习：如果在面试中我们碰到了以下问题，我们该如何回答呢？

1. 你心目中的理想工作是什么？你为此付出过哪些努力？

2. 如果给你安排的工作岗位与你所学的专业不对口，你会如何处理？
3. 你读书期间有过住宿经历，你怎样评价你的舍友？
4. 谈谈你的社会兼职经历或者实习经历。
5. 顾客永远是对的吗？
6. 你认为什么样的上司才是好上司？
7. 你认为什么样的员工才算是一名好员工？
8. 你能否接受出差、夜班或加班？
9. 与其他求职者相比，你的优势是什么？
10. 你愿意做一条大海里的小鱼，还是池塘里的大鱼？

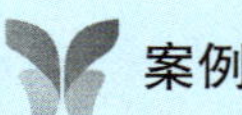
案例

不同的回答，不同的结果

在某单位组织的一次面试中，主考官先后向两位毕业生提出了同样的问题："我们单位是全国数一数二的公司，下面有很多子公司，凡被录用的人员都要到基层锻炼，基层条件比较艰苦，请问你们是否有思想准备？"一位毕业生说："吃苦对我来说不成问题，因为我从小在农村长大，我很乐意到基层去，只有在基层摸爬滚打才能积累丰富的工作经验，为今后发展打下基础。"另一位毕业生则回答："到基层锻炼我认为很有必要，我会尽一切努力克服困难，好好工作，但作为年轻人总希望有发展的机会，不知贵公司安排我们下去的时间是多长？待遇如何？还有可能上来吗？"结果前一学生被录用，后一学生被淘汰。

评析

在面试过程中，回答问题的技巧非常重要。有些问题的回答，表面上看来合情合理，无可厚非，却令考官反感。这是因为考官并不太在乎我们回答内容的多少，却在乎我们对问题本身的态度，乃至对职业的态度。显然，在这一案例中，前一位毕业生对下基层态度端正、诚恳，令主考官欣赏；而后一位毕业生的回答，尽管是人之常情，但这种场合下他的回答不合时宜。

(3) 肢体语言规范有礼

肢体语言要做到两个规范：举止大方，站立规范；表情真诚，微笑规范。面试时应神情专注，肢体语言不宜过多，需要时适度配合表达。应与主考官保持目光接触，以表示对主考官的尊重，切忌目光犹疑飘忽，这是缺乏自信的表现。

（4）留意细节显示涵养

直到离开用人单位所有人的视野后，一次面试才算结束。面试时要留神小地方、小细节。在接待室恰巧遇到熟人，不可旁若无人地大声说话或嬉闹。如果面试场所的门口有纸片或小块杂物等，不要视而不见地走过，而要将它捡起来扔进垃圾桶，因为这很可能是考官故意设计的面试细节，看看每个毕业生是不是具有过人的观察力和从我做起的精神。在面试时常会遇到一些不熟悉或根本不懂的问题，这时默不作声、回避问题是失策，牵强附会、强词夺理更是失礼，坦率承认为上策。面试结束，离开面试室时也要注意礼仪，如将自己坐过的椅子推回原位，喝过的水杯拿走等。

“猴急”面试失败

小侯跳槽后，投了几十份简历，才拿到面试机会。招聘的公司是人力资源咨询公司，面试方法也与众不同，除了要求应聘者回答问题外，还要求在电脑上做大约 2 个小时的测评题。面试结束后，公司让小侯他们在两天之内等通知。因小侯做过 1 年多的人力资源工作，这家公司负责招聘的人员将他的名字列在录取名单中，等待与公司领导研究后定下来。第二天下午，心情急切的小侯打电话给公司说：“公司录不录取我们没关系，能否把测评结果给我？”接电话的招聘人员愣了一下，和气地告诉他：“测评结果只是公司用来选拔人才用，不给个人。”小侯又补充一句：“录不录取我没关系，我只想要测评结果，因为我测评了 2 个多小时呢！”放下电话，招聘人员将录取名单取出，划掉了小侯的名字。

评析

在这里，小侯犯了 3 个错误：一是面试之后，急于打电话追问，没有给公司一个商量研究的时间；二是电话中首先表示公司录不录取没关系，显示了自己对公司的不在乎，一个不在乎公司的人，公司当然也不会在乎你；三是测评题就是公司进行笔试的一种形式，没有给面试者发回试卷的先例，小侯却坚持索要，显得很不礼貌。面试后的一举一动、一言一行，也代表了一个人的素养，素养不是在面试的时候装出来的，而是在日常生活中潜移默化修炼出来的。

4. 面试着装与礼仪

(1) 面试着装

穿什么样的衣服能够表现出我们是怎样的人。如果穿着简洁大方的正装参加面试，不仅可以表示对考官的尊重，还能够给考官留下良好的第一印象。

①男士

西装

推荐穿西装面试，正规化的着装可以让男士显示出笔挺的身姿。要注意西装颜色的选择：体瘦的人如果着深蓝色或中粗竖条的西装，会强化其纤细、瘦弱的体形，而穿米色、浅灰色等色调，带有格子或人字斜纹图案的西装，会显得较为强壮；体胖的人可穿深蓝、深灰、深咖啡色的西装。

衬衫

如果说最保守的西装颜色是深色，最保守的衬衫颜色则是白色。挑选衬衫应该注意领子不要太大，领口、袖口不要太宽松，以刚好可以扣上并略有空隙为宜。面试的衬衫多是长袖的，衬衫袖子应比西装袖子长出 1 厘米左右。

领带

领带应以深色为主，忌刺目的颜色。领带应以领带尖盖住皮带扣为宜。尽量不要使用领带夹。领带应当为西装增色，且不能与西装的图案有任何冲突。领带宽度要接近西装翻领的宽度。

皮鞋

注意保持自己的鞋面锃亮。鞋跟要结实，破旧的鞋跟会使人显得疲软而萎靡。鞋带一定要干净且系紧。

袜子

袜子的颜色应当和西装相配，可选蓝、黑、深灰或深棕色，不要穿颜色鲜亮或花格的袜子。袜子要够长，以叠起双腿时不露出有毛的皮肤为宜。袜子要有足够的弹性，不至于从腿上滑下或缩成一团。

头发

面试时要保持头发整洁，不要给人油光发亮、湿淋淋的感觉。发型以简单、朴素、稳重、大方为宜。

小饰物

简单的公文包是最佳选择，当然，不要忘记把必备的简历等资料装进去。一个小巧的钱包不易使口袋鼓起变形，不要把各种信用卡、家庭生活照等都塞在钱包里。项链、装饰别针、手镯、耳环等饰物尽量不要佩戴。

②女士

套装

剪裁合适、简单大方的套装，更能体现庄重感与专业性。应避免无袖、露背等性感服装，着这类服装会给人轻佻、浮躁的感觉。下身可以着裙装，如穿长裤，应选择质料柔软、剪裁合宜的西装裤。套装颜色应以中性为主，避免夸张、刺眼。

图 3.7　天价面试装真有意义吗?

装束搭配

若着裙装，裙子应至少盖住大腿的2/3。尽量不要穿露出脚趾的凉鞋。

配饰

戴配饰的重要原则是：少则美。不宜佩戴造型过于夸张、会叮当作响的饰品，耳环应当小巧且不引人注目，朴实无华的项链比较好，手镯是可以接受的，面试时不要戴脚镯。

妆容

可以化淡妆，这样会使自己看起来很精神，但不要化浓妆，以自然清淡的妆容为宜。

头发

头发在整个仪容中是十分重要的组成部分，应保证头发干净、清洁。如果是长发，就选择一个看起来让人舒服的发型。

细节

可以只带一个手提包或公文包，尽量把零碎的东西有条理地收拾到包里。袜子不能有脱丝，肉色是最适合的，为保险起见，可在包里放一双袜子备用，脱丝时可及时更换。香水的香味宜淡，闻上去要给人舒服的感觉。

 案例

艳丽着装，适得其反

小张是某校文秘专业应届毕业生，在同学们的眼中，她求职优势太大了：学习好、是学生会干部、号召力强等，而更让一些女生羡慕的是，她天生丽质，再配上前卫的装束，在校园中堪称一道亮丽的风景。

一家著名的大公司要招聘文秘人员，小张递交了个人简历。公司很快通知她面试，小张立即行动起来，她几乎试穿了衣橱中所有的应季衣服，最终选定了时下最流行的那套装扮，连她自己都觉得镜中的人太酷了！接着，她又精心地搭配了一对同样是时下最流行的耳环，使她看上去更加光彩夺目，酷似一位明星。

小张满怀信心地走进考场，按照预先的准备，镇定地回答了几位考官的提问，出来的时候，她觉得自己势在必得。但她万万没有想到，正是那套装扮使自己名落孙山，而那一对金光闪闪的耳环，干脆令一切全泡了汤！

评析

当小张敲门以后，考官第一眼看到的就是她的穿衣打扮。面试的第一印象十分重要。印象的形成，90%以上来自非语言信息。着装和打扮是否妥当，对于能否被录取是有很大影响的。

（2）面试礼仪

①提前到达

面试的前一天要充分休息，保证足够的睡眠。最好能提前 10～15 分钟到达面试地点，向相关工作人员介绍自己，并遵循他们的安排耐心等待。可以事先准备一本书或杂志放在公文包里，如果等待时间较长，可以看书保持安静、镇定。等待期间不要来回走动，不要与别的面试者大声聊天。在走进用人单位时，手机应调为静音或关机。

②把握进屋时机

在任何情况下都要注意进屋先轻敲门。进屋后，若发现考官正在填写上一个人的评估表，不要打扰，应表现出理解与配合。如果考官请你在门外等一下，那就按要求去做，不要东张西望、闭目养神或中间插话。

③深呼吸，缓和紧张的情绪

在进入面试场所前，调节好自己的情绪。在整个面试过程中，不要紧张，表述要简洁、清晰、自信，同时注意观察考官的表情变化，捕捉考官感兴趣的话题，再根据事先的准备着重表达。在与考官的意见不一致时，不要偏激执拗。

④面试后表示感谢

不管面试成功与否，都要注意自己的言行举止。面试结束后要离开时，应该把刚才坐的椅子扶正回位，再次致谢后出门。在经过前台时，要主动与前台工作人员点头致意或说“谢谢你，再见”之类的话。

案例

礼仪比学历更重要

一位先生要雇一名文员到他的办公室做事，他最后挑了一个看似平平无奇的男生。“我想知道，”他的一位朋友问，“你为什么挑他，他既没有带介绍信，也没有人推荐。”

“你错了，”这位先生说，“他带了很多介绍信。他进门口时擦去了鞋上的泥，进门时随手关门，进了办公室，他先脱去帽子，这说明他懂礼貌，有教养。回答我的问题干脆果断，证明他有能力，有自信。其他所有的人直接坐到椅子上准备回答我的问题，而他却把我故意扔在椅子边的纸团拾起来，放到废纸篓中。他衣着整洁，头发整齐，指甲干净。当工作人员递水给他时，他站起身双手接过来并说了声‘谢谢’，而其他应聘者看到工作人员递水给自己时都无动于衷。难道这些细节不是极好的介绍信吗？”

评析

我们一定要重视面试的礼仪。这位男生最后被录用主要是由于他的礼仪修养。平时素养的培养非常重要，它会使我们在招聘场合出奇制胜。

实践与探索

1. 每个同学根据目标就业岗位的要求设计出个性化的简历，选择用人单位寄出，并在适当的时机与用人单位联系，整个过程结束后，要求：

（1）写一篇总结报告，总结求职成败得失的原因和应采取的应对措施；

（2）完善简历；

（3）请教授就业课程的老师指导。

2. 模拟面试：创设一个用人单位，设置招聘岗位的要求，采用小组合作学习法，由组长扮演考官，其他组员扮演求职者。当一个组员面试完成后，所有组员一起评价分析，商议其提高和改进的办法。相关评价参考表详见表 3.5、表 3.6、表 3.7。

表 3.5　面试评价参考表（销售类）

填表时间：　　年　月　日

	面试项目	评分标准				得分
		极佳	佳	合格	差	
求职者基本素质	仪容仪表	4 分	3 分	2 分	1 分	
	身体素质	5 分	4 分	3 分	1 分	
	独立能力	8 分	6 分	4 分	1 分	
	表达能力与社交能力	9 分	7 分	4 分	2 分	
	思维反应速度	5 分	4 分	3 分	1 分	
	心理承受能力	9 分	7 分	6 分	4 分	
	自我认知度	5 分	4 分	2 分	1 分	
	诚信度	9 分	8 分	6 分	1 分	
	合作能力	6 分	4 分	3 分	1 分	
	合计	60 分	47 分	33 分	13 分	
	评价意见：					
	签名：					
专业复试	面试项目	评分标准				得分
		极佳	佳	合格	差	
	学历教育	8 分	6 分	4 分	2 分	
	专业知识	12 分	8 分	6 分	4 分	
	性格	10 分	8 分	6 分	4 分	
	发展潜力	10 分	8 分	6 分	4 分	
	合计	40 分	30 分	22 分	14 分	
	评价意见： □予以录用　□列入考虑　□不予录用					
	签名：					
录用情况（人力资源科意见）	签名：					
企管办审核	签名：					

表 3.6　面试评价参考表（技术类）

填表时间：　　年　月　日

<table>
<tr><td rowspan="13">求职者基本素质</td><td rowspan="2">面试项目</td><td colspan="4">评分标准</td><td>得分</td></tr>
<tr><td>极佳</td><td>佳</td><td>合格</td><td>差</td><td></td></tr>
<tr><td>仪容仪表</td><td>4 分</td><td>3 分</td><td>2 分</td><td>1 分</td><td></td></tr>
<tr><td>身体素质</td><td>4 分</td><td>3 分</td><td>2 分</td><td>1 分</td><td></td></tr>
<tr><td>求知主动性</td><td>8 分</td><td>6 分</td><td>4 分</td><td>1 分</td><td></td></tr>
<tr><td>自信程度</td><td>5 分</td><td>4 分</td><td>3 分</td><td>1 分</td><td></td></tr>
<tr><td>想象力创造力</td><td>8 分</td><td>6 分</td><td>4 分</td><td>2 分</td><td></td></tr>
<tr><td>持久力</td><td>8 分</td><td>6 分</td><td>4 分</td><td>2 分</td><td></td></tr>
<tr><td>思维严谨性</td><td>8 分</td><td>6 分</td><td>4 分</td><td>2 分</td><td></td></tr>
<tr><td>洞察力</td><td>5 分</td><td>4 分</td><td>3 分</td><td>2 分</td><td></td></tr>
<tr><td>合计</td><td>50 分</td><td>38 分</td><td>26 分</td><td>12 分</td><td></td></tr>
<tr><td colspan="6">评价意见：</td></tr>
<tr><td colspan="6">签名：</td></tr>
<tr><td rowspan="10">专业复试</td><td rowspan="2">面试项目</td><td colspan="4">评分标准</td><td>得分</td></tr>
<tr><td>极佳</td><td>佳</td><td>合格</td><td>差</td><td></td></tr>
<tr><td>学历教育</td><td>10 分</td><td>8 分</td><td>6 分</td><td>4 分</td><td></td></tr>
<tr><td>专业知识</td><td>15 分</td><td>12 分</td><td>8 分</td><td>4 分</td><td></td></tr>
<tr><td>性格</td><td>15 分</td><td>12 分</td><td>8 分</td><td>4 分</td><td></td></tr>
<tr><td>发展潜力</td><td>10 分</td><td>8 分</td><td>6 分</td><td>4 分</td><td></td></tr>
<tr><td>合计</td><td>50 分</td><td>40 分</td><td>28 分</td><td>16 分</td><td></td></tr>
<tr><td colspan="6">评价意见：
□予以录用　　□列入考虑　　□不予录用</td></tr>
<tr><td colspan="6">签名：</td></tr>
<tr><td>录用情况（人力资源科意见）</td><td colspan="6">签名：</td></tr>
<tr><td>企管办审核</td><td colspan="6">签名：</td></tr>
</table>

表 3.7　面试评价参考表（管理类）

填表时间：　　　年　月　日

<table>
<tr><td rowspan="14">求职者基本素质</td><td rowspan="2">面试项目</td><td colspan="4">评分标准</td><td>得分</td></tr>
<tr><td>极佳</td><td>佳</td><td>合格</td><td>差</td><td></td></tr>
<tr><td>仪容仪表</td><td>4 分</td><td>3 分</td><td>2 分</td><td>1 分</td><td></td></tr>
<tr><td>身体素质</td><td>5 分</td><td>4 分</td><td>3 分</td><td>1 分</td><td></td></tr>
<tr><td>自信程度</td><td>7 分</td><td>6 分</td><td>4 分</td><td>2 分</td><td></td></tr>
<tr><td>责任感</td><td>7 分</td><td>6 分</td><td>4 分</td><td>2 分</td><td></td></tr>
<tr><td>组织策划能力</td><td>9 分</td><td>7 分</td><td>5 分</td><td>2 分</td><td></td></tr>
<tr><td>分析判断能力</td><td>7 分</td><td>6 分</td><td>4 分</td><td>2 分</td><td></td></tr>
<tr><td>情绪控制能力</td><td>7 分</td><td>6 分</td><td>4 分</td><td>2 分</td><td></td></tr>
<tr><td>表达沟通能力</td><td>7 分</td><td>6 分</td><td>4 分</td><td>2 分</td><td></td></tr>
<tr><td>思维反应能力</td><td>7 分</td><td>6 分</td><td>4 分</td><td>2 分</td><td></td></tr>
<tr><td>合计</td><td>60 分</td><td>50 分</td><td>34 分</td><td>16 分</td><td></td></tr>
<tr><td colspan="6">评价意见：</td></tr>
<tr><td colspan="6">签名：</td></tr>
<tr><td rowspan="10">专业复试</td><td rowspan="2">面试项目</td><td colspan="4">评分标准</td><td>得分</td></tr>
<tr><td>极佳</td><td>佳</td><td>合格</td><td>差</td><td></td></tr>
<tr><td>学历教育</td><td>8 分</td><td>6 分</td><td>4 分</td><td>2 分</td><td></td></tr>
<tr><td>专业知识</td><td>12 分</td><td>8 分</td><td>6 分</td><td>4 分</td><td></td></tr>
<tr><td>性格</td><td>10 分</td><td>8 分</td><td>6 分</td><td>4 分</td><td></td></tr>
<tr><td>发展潜力</td><td>10 分</td><td>8 分</td><td>6 分</td><td>4 分</td><td></td></tr>
<tr><td>合计</td><td>40 分</td><td>30 分</td><td>22 分</td><td>14 分</td><td></td></tr>
<tr><td colspan="6">评价意见：
□予以录用　　□列入考虑　　□不予录用</td></tr>
<tr><td colspan="6">签名：</td></tr>
<tr><td colspan="6"></td></tr>
<tr><td>录用情况（人力资源科意见）</td><td colspan="6">签名：</td></tr>
<tr><td>企管办审核</td><td colspan="6">签名：</td></tr>
</table>

第四单元　就业程序与就业保障

单元导读

毕业生的就业程序包括：在前期就业信息搜集和应聘考试合格的基础上，与用人单位签订就业协议、办理就业报到证与户口迁移证，以及档案转接手续。就业保障，广义上是国家为了保障公民实现劳动权所采取的创造就业条件、扩大就业机会的各种措施的总称。即将面临就业的毕业生，或许更注重自身就业的权利和义务，更关心就业协议与劳动合同的落实。

第九课 就业程序

学习目标

通过本课的学习，我们能够做到：

1. 了解就业协议的签订程序及其注意事项；
2. 熟悉就业报到证与户口迁移证的办理流程；
3. 学会正确处理自己的毕业档案，做好档案材料的转接工作。

案例

就业协议缺失诚信害了谁

某毕业生先用自己的就业协议跟浙江某单位签约，后又擅自用其他同学的就业协议跟广州某单位签约。该生后来反悔想去浙江的单位，不得已，只好到广州的单位谎称学校要其将就业协议取回补办手续，并保证在约定时间之前一定办好。广州的单位也相信他，将就业协议全部还给了他，而他本人一拿到就业协议即到学校谎称广州的单位欺骗了他，解决不了户口将就业协议退回，要求学校在他与浙江单位所签的就业协议上盖章。学校为了慎重起见，出面与广州的单位联系，得知该生有不诚实的行为，对其进行了严肃批评，并责令其向广州的单位道歉。谁知该生声称广州的单位没有任何证据（即就业协议不在其手中），广州的单位一气之下，一个电话告到学校："该生行为太不像话，欺骗单位，又欺骗学校，道德品行败坏，希望学校给予严厉处分，否则将来影响学校的声誉。"

评析

签订就业协议是一件非常严肃的事情，各方一经签字盖章即具有法律效力，任何一方都有履行协议的责任和义务，不得随意变更协议。上述案例中，学生违背了诚信原则，多方签约，这是一种不道德的行为，既损害签约双方利益，又影响学校声誉。

第一节　就业协议的签订

就业协议是毕业生与用人单位双方对就业过程中的权利与义务进行约定的书面协议。劳动合同是劳动者与用人单位就劳动关系中的权利与义务进行约定的书面协议。两者既有区别，又有联系。毕业生在就业过程中，既要自己做到诚实守信，又要注意学会运用各种方法和途径保护自己的就业权利。

一、就业协议

毕业生通过双向选择与用人单位达成一致意见之后，就需签订就业协议。就业协议是毕业生和用人单位关于将来就业意向的初步确定，其目的是保护毕业生和用人单位各自的权益，同时它也是毕业生就业和用人单位接收毕业生的重要依据。就业协议通常有固定编号，防伪印制，由学校统一发给每个毕业生。毕业生若将其遗失，须在市级以上报纸声明作废，凭登有作废声明的书面申请到指定部门申请补办。就业协议一经毕业生、用人单位、学校、地方政府毕业生主管部门签字或盖章，即具有一定的法律效力，它是编制毕业生就业方案的依据，也是发生违约情况时的判断依据。

二、签订就业协议注意事项

1. 签订就业协议前应对用人单位全面了解

在签订就业协议前，毕业生应全面了解用人单位的工作环境、工资待遇、工作时间、劳动强度等情况，同时结合自己的实际情况和愿望进行综合考虑后再签就业协议。

2. 每个毕业生只能有一份就业协议

就业协议是学校证明毕业生具有就业资格的凭证，也是用人单位到毕业生所在学校就业主管部门办理毕业生审批手续的凭证。为维护就业市场的严肃性，避免一个毕业生被两个用人单位同时录用，造成用人单位进人指标浪费，同时也为了维护学校的声誉和今后毕业生的就业信誉，每个毕业生只能有一份就业协议原件。

图 4.1　签订就业协议的一般流程

3. 就业协议解约手续办理

毕业生确定用人单位，并与用人单位签订了就业协议后，毕业生和用人单位都应认真履行协议。倘若毕业生单方面违约，应承担违约责任。已签订就业协议的毕业生，如要解除协议，需办理如下解约手续：首先，到原签协议单位办理书面同意的解约函（盖单位公章）；其次，向毕业学校提出书面申请（阐明解约理由），并附上单位解约函、原就业协议；再次，毕业学校就业主管部门根据有关规定审批换发新的就业协议；最后，毕业生领取新协议后到毕业学校备案。

第二节　就业报到证与户口迁移证的办理

一、就业报到证的办理

就业报到证是毕业生到就业单位报到的凭证，也是毕业生参加工作时间的初始记载和凭证。

用人单位以就业报到证为依据，接收安排毕业生工作，并接转毕业生的档案、户口等。就业报到证只能一人一份，毕业生要妥善保管就业报到证，不论什么原因，凡自行涂改、撕毁的就业报到证一律作废。

1. 就业报到证签发

就业报到证签发由毕业院校就业主管部门统一办理。毕业生将就业协议书、接收函等相关材料交给学校就业主管部门，由其编制就业方案，并在管理系统中上报数据，经审核无误后到相关部门统一办理。

毕业生毕业时或毕业离校 2 年内被用人单位录（聘）用的，可以申请将就业报到证开至就业单位。毕业离校 2 年是指自毕业当年度的 12 月 31 日起，至毕业年度后的第 2 年 12 月 31 日止的这段时间。例如，2018 年的毕业生，办理的最后期限为 2020 年 12 月 31 日。

2. 就业报到证改派

毕业生如果已办理就业报到证，又需改变就业去向的，在规定期限内可申请办理改派手续。毕业生需将以下材料提交毕业院校就业主管部门，由其统一报送数据，并申请办理：原就业报到证、“毕业生改派办理表”或原单位同意改派的书面函件、与新接收单位签订的就业协议等相关函件。

但是需要注意的是，毕业离校超过 2 年的毕业生，不能办理改派手续；到用人单位报到工作满 1 年、已办理转正定级手续的毕业生，也不能办理改派手续。

3. 就业报到证遗失补办

毕业生毕业离校 2 年内就业报到证遗失的，须先在市级及以上公开发行的报刊上发布遗失声明（也可在补办同时在省级毕业生就业网上申请挂失），然后由学校携带相关材料到省级相关部门申请补办（如学校委托学生个人去相关部门办理，另需提供联系函）。毕业生如果毕业离校超过 2 年，遗失的就业报到证不能补办，只可办理就业报到证明书。

二、户口迁移证的办理

1. 户口迁移证

户口迁移证是公民的户口所在地变动时，由原户口所在地迁往新落户地址的凭证。户口迁移证由户口迁出地的公安机关开具。持证人到达迁入地后，须在有效期内将户口迁移证交给户口登记机关申报入户。户口迁移证是公民在户口迁移过程中的重要凭证，因此公民在户口迁出后要妥善保管户口迁移证，不得遗失、涂改以及转借，若不慎将户口迁移证丢失，应立即报告当地户口登记机关。

2. 户口迁移证办理

毕业生的户口迁移证随报到证由学校一同签发。在入学前将户口迁入学校的，毕业后办理户口迁移证要到学校相关职能部门办理户口迁出手续，如果毕业生还没有落实工作单位，其户口经学校相关职能部门批准后可暂缓迁出，由学校免费代保管 2 年。

第三节　毕业生档案的转递与保管

一、毕业生档案

毕业生档案是详细记录学生在校期间的学习、生活、个人素质等方面的真实资料。毕业生档案的主要作用是在毕业生应聘时为用人单位提供客观的参考。毕业生档案内含各个学期的成绩单（学籍表）、奖励和处分材料、社会实践记录、实习总结报告、党团材料等。毕业生档案是用人单位了解一个人的重要手段，也是计算工龄的重要凭证。建立毕业生档案是社会的需要，更是一个人在社会上工作和生活的需要。

二、毕业生档案转递

1. 毕业生档案的转递

国家相关政策规定，毕业生毕业后暂时找不到就业单位的，其档案可免费由学校保存 2

年，因此，有些同学误以为既然学校免费保存档案，就无须再到人才交流机构托管了。其实，学校保存的只是毕业生的学籍档案，而真正发挥作用的是人事档案，转正定级、职称评定等相关事宜都需将学籍档案转换成人事档案后才能进行。按国家政策规定，大中专毕业生毕业（以报到证人事部门签署日期为准）1 年后，即可由所在单位人事部门或委托的人才交流机构批准转正定级。本科毕业生毕业工作满 1 年（以报到日期计）、大中专毕业生毕业工作满 3 年可申报初级职称，由所在单位人事部门或委托的人才交流机构负责办理。由此可见，学籍档案一定要存放在单位人事部门或委托的人才交流机构才能转变为起作用的人事档案。目前，有相当一部分毕业生对学籍档案与人事档案的情况不了解也不关心，甚至有的毕业生毕业几年了档案还存放在学校，有的将档案放在家中，更有甚者将档案丢失。企事业单位招聘员工、国家公务员选拔等都要审查档案，并将档案内容作为甄选人才的重要依据，所以，毕业生应对档案的转递事宜高度重视起来。

2. 毕业生档案转递后的作用

毕业生档案从学籍档案转变为人事档案后有以下作用。第一，评定职称。毕业生没有人事档案，就没有资格评定职称，而职称往往与薪酬挂钩。第二，考资格证。例如，毕业生参加会计专业资格考试，需要有人事档案，否则不能报名。第三，办理准生证。男女双方需要到存放档案的单位（或代理机构）开婚育证明。第四，出国审查。个人有出国的打算时，没有档案就无法进行政审，影响出国的计划。第五，养老保险、工龄和退休金的计算要以档案记载为依据。第六，进国企和事业单位，档案是一种非常重要的材料。第七，入团、入党，也要参考档案材料。

三、毕业生档案的保管

1. 保管毕业生档案的机构

按国家政策规定，各级人才交流机构才有资格保存毕业生就业后的档案，民营企业、乡镇企业、中外合资企业、独资企业都无权管理员工的档案。不想回本地工作而将户口落在学校所在地的毕业生、无法确定能否在现单位长期工作的毕业生，可选择将档案存放在人才交流机构。

2. 毕业生档案成为“死档”的原因

部分毕业生档案会成为“死档”，主要有两个原因。首先，档案丢失会成为“死档”。毕业生择业期为 2 年，择业期间可申请由学校代管其档案 2 年。2 年期满后若毕业生仍未落实工作（或找到工作后未及时到学校办理档案转递），学校会将其档案和户口一起转回原籍（转递到学生户口所在地人才交流机构或生源所在地地级市人才交流机构），在转递过程中很容易将档案遗失。其次，档案由毕业生自己存放超过 2 年，也会成为“死档”。

3. 毕业生档案保管的注意事项

（1）毕业后将档案存放在学校

如果毕业生毕业后没有及时找到合适的工作，可以到学校申请暂缓就业，在 2 年内找到工作后一定要及时回校办理档案转递，将户籍和档案迁至工作单位所在地或单位所在地人才交流机构。2 年后，学校会将户籍和档案转递到原籍，很可能造成档案丢失。

（2）毕业后将档案存放在人才交流机构

毕业生如没有找到单位，可以到学校或户口所在地人才交流机构进行档案挂靠，千万不能弃档。人才交流机构是官方机构，拥有档案保管权，有权办理转正定级，存放在那里有安全保障。毕业生一旦找到工作，要及时办理就业手续，以便及时进行转正定级，方便以后的正式调动；如果没有找到工作，也要知道人才交流机构的集体户口属于临时户口，有 2 年的保管期限，2 年后需自己申请将档案转递回原籍，以免丢失。

毕业生毕业后找到单位，可将档案挂靠在就业地的人才交流机构，从档案存放在人才交流机构之日起，开始计算工龄。毕业生即使以后到其他单位工作，也可通过调档函将档案方便地转到新就业地的人才交流机构，工龄能连续计算，既不影响工作，也不影响职称评定，顺畅地完成衔接。但要注意，毕业生如果在找到的第一家工作单位未干满 1 年，则无法请求人才交流机构进行转正定级。

（3）毕业后将档案主动转移至原籍

不管是否参加工作，毕业生都可将档案转回原籍。将档案放在家乡的人才交流机构，以后在外地找到工作后也不会麻烦，如果到国企工作或考上公务员，单位发函到家乡人才交流机构就可调档。

（4）毕业后尽量不要将档案寄送公司

目前，一般公司都是将员工档案统一放在公司所在地的人才交流机构。因此，建议毕业生不将档案寄送公司管理，以防以后产生不必要的麻烦。

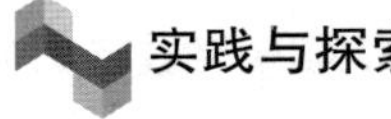

以小组为单位，拟定毕业生档案转递的工作流程。

1. 全班同学分 4~6 个小组，设计毕业生就业现状调查表。调查维度如下：已就业（就业单位属企业/事业、民营/国有、本地/外地），已有就业意向但尚未签订就业协议，尚未就业。

2. 调查上一届毕业生（20 名以上）的就业现状，并进行统计分析。
3. 根据毕业生不同就业情况拟定毕业生档案转递的工作流程。
4. 以小组为单位在全班交流，讨论毕业生档案转递工作流程的可行性。

第十课　就业保障

学习目标

通过本课的学习，我们能够做到：

1. 了解毕业生的就业权利与义务；
2. 掌握签订实习协议与劳动合同时的注意事项；
3. 学会运用相关法律、法规维护自己的合法权益。

当庭否认伤者是员工，法官下大力调查核实

白某进入某公司工作，但公司没把双方所签的劳动合同交白某留存。工作第 2 个月，白某在车间操作数控折弯机时切到左手 3 根手指，造成不同程度折断。副经理王某与会计张某将他送到医院，王某在病历“填写人”处留下姓名、电话号码。事后白某向公司申请办理工伤认定手续，但公司置之不理。无奈之下，白某起诉要求确认与公司存在劳动关系，被公司当庭否认。

法官调查后得出如下结论。第一，病历记载白某受伤原因为“折弯机伤”，而该公司确有数控折弯机设备，在病历上签名的王某庭上自认曾任该公司副经理。第二，法官前往公司调查，白某指认送他就医的会计张某，王某也确认此人为张某。张某拒答法院询问，应由该公司承担不利后果。第三，白某的陈述与法院实地调查结果相符。“白某年龄较小、文化程度偏低、缺乏留存证据意识，其举证能力有限，结合行业用工现状，我们认为上述 3 个方面已形成证据链，可证实白某是在公司工作时受伤，从而证实双方存在劳动关系。”

评析

因无书面劳动合同、社会保险缴纳记录等直接证明劳动关系的证据，在工伤类劳动争议案中，用人单位一旦没缴社保，大多矢口否认伤者是自己的员工。由于双方举证能力不对等，部分劳动者因举证不能而败诉。因此，劳动者要加强证据留存意识和权益维护意识；而用人单位亦应秉承诚信原则，着眼于长远发展。

第一节　毕业生的权利与义务

近几年，毕业生就业过程中权利受侵犯的多起案例已经引起社会、学校和学生对毕业生就业权利保障问题的高度关注。因此，即将毕业的我们应该知晓毕业生究竟享有哪些就业权利和履行哪些就业义务。

一、就业权利

就业权利是指根据国家法律、法规规定，劳动者在求职或就业过程中应享受的不容侵犯的权利。学校毕业生作为就业大军里一个不可小觑的组成部分，同样享有多方面的权利。根据目前我国《宪法》《劳动法》《劳动合同法》等有关规定，毕业生在择业过程中主要享有以下几方面的权利。

1. 信息知晓权

及时了解相关信息是毕业生择业成功的前提和关键，只有在充分了解国家就业政策信息、就业工作程序以及用人单位需求信息的基础上，毕业生才能更好地结合自身情况选择适合自身发展的用人单位。因此，用人单位有义务向毕业生和学校如实介绍本单位情况，并尽可能提供能够证明这些情况的有关资料。

就业信息是否准确、全面，会直接影响毕业生的择业决策，毕业生有权获得准确、全面的就业信息。因此，各学校的就业指导部门必须全面、充分了解国家的相关就业政策信息，将相关政策传达给全体毕业生，还要明确告知毕业生就业工作程序，并及时更新和发布相关用人单位的招聘信息，以保障毕业生的信息知晓权。

2. 平等就业权

我国《宪法》规定，中华人民共和国公民有劳动的权利和义务。《劳动法》进一步明确规定，劳动者享有平等就业和选择职业的权利。平等就业权是公民最重要的劳动权利，是其他劳动权利存在的前提。没有平等就业权，公民不可能进入劳动力市场，与劳动用人单位形成劳动关系，继而享有其他一系列的劳动权利。

当前，由于各项配套措施不够完善，用人单位在录用毕业生的过程中还存在不同程度的不公平、不公正现象，除了一些特殊行业的用人单位对性别、身高等条件有硬性要求外，用人单位如果把一些与工作无关的要素如相貌、性别、年龄等作为录用毕业生的必要条件，从而使毕业生不能平等就业，就是就业歧视。

图 4.2　就业歧视

3. 自主择业权

自主择业权是劳动者自主选择职业或用人单位的权利，它是劳动者在择业过程中的一项基本权利。在我国，毕业生有自主择业权，用人单位有用人（工）自主权。

只要符合国家的就业方针、政策，毕业生可以自主地选择用人单位，也就是说，毕业生在择业过程中具有自主选择权。当然，毕业生在做出职业选择前，应与亲属进行沟通，在听取他们意见的基础上，做出符合自己意愿和实际情况的选择，而不盲目择业。

4. 接受指导和被推荐权

毕业生有从学校就业指导部门接受就业指导和被推荐给用人单位的权利。毕业生有权接受学校开设的有关就业方针、政策、法律、法规的培训，以及择业方法和技巧的指导，以便对自己精确定位，进而理性择业。

学校在就业工作中的一个重要职责就是向用人单位推荐毕业生。事实上，学校的推荐在很大程度上会影响用人单位对毕业生的取舍。向用人单位公平、公正、实事求是地推荐毕业生是学校的基本责任，也是毕业生享有的基本的权利。学校根据毕业生的在校表现，在公正、公开的基础上，还应择优推荐，以调动广大毕业生和在校生学习的积极性。

5. 违约求偿权

毕业生与用人单位签订就业协议后，任何一方不得擅自毁约。但是，有的用人单位因为内部情况的变化，不能履行就业协议而造成违约。用人单位的违约，会给毕业生带来很大的损失。因为如果时间允许，毕业生还可重新择业，如果时间不允许则可能造成毕业生长期不能就业。因此，毕业生有权要求对方严格履行就业协议，否则用人单位应对毕业生承担违约责任，支付违约金。

二、就业义务

毕业生就业过程中在享有信息知晓、平等就业、自主择业、接受指导和被推荐、违约求偿等就业权利的同时，也应履行相应的就业义务。毕业生就业义务主要有以下内容：

1. 服从国家需要，遵守国家就业政策以及学校据此制定的具体规定的义务；
2. 向用人单位如实介绍个人基本情况的义务；
3. 严格履行就业协议及其他合法约定的义务；
4. 依照职责完成工作任务并不断提高职业技能的义务；
5. 承担自身违约而带来的相应责任的义务；
6. 依法应履行的其他义务。

第二节　劳动合同签订

劳动合同是劳动者与用人单位就劳动关系中的权利与义务进行约定的书面协议。为了完善劳动合同制度，明确劳动合同双方当事人的权利和义务，构建和发展和谐稳定的劳动关系，国家出台了《劳动合同法》。毕业生在就业过程中，既要做到诚实守信，又要注意学会运用各种方法和途径保护自己的就业权利。

一、新版《劳动合同法》

2012 年 12 月 28 日，第十一届全国人大常委会第三十次会议表决通过了修改《劳动合同法》的决定。修改后的《劳动合同法》全文内容共分 8 章，已于 2013 年 7 月 1 日正式实施。

与 2007 年版本相比较，修改后的《劳动合同法》严格限制了劳务派遣用工岗位范围。《劳动合同法》实施后的几年间，劳务派遣用工数量快速增长，部分用工单位突破“三性”岗位范围，在主营业务岗位和一般工作岗位长期大量使用被派遣劳动者，有的用工单位甚至把劳务派遣作为用工主渠道。被派遣劳动者的合法权益得不到有效保障，同工不同酬、同工不同保障待遇的问题比

图 4. 3　《劳动合同法》保护劳动者合法权益

较突出。一些被派遣的劳动者无法很好地参与企业民主管理和参加工会组织，他们长期没有归属感，心理落差较大。

为严格限制劳务派遣用工，新版《劳动合同法》规定，劳动合同用工是我国的企业基本用工形式。劳务派遣用工是补充形式，只能在临时性、辅助性或者替代性的工作岗位上实施。新版《劳动合同法》还对这些岗位的具体含义作了进一步界定：临时性工作岗位是指存续时间不超过 6 个月的岗位；辅助性工作岗位是指为主营业务岗位提供服务的非主营业务岗位；替代性工作岗位是指用工单位的劳动者因脱产学习、休假等原因无法工作的一定期间内，可以其他劳动者替代工作的岗位。为防止滥用劳务派遣用工，新版《劳动合同法》规定，用工单位应当严格控制劳务派遣用工数量，不得超过其用工总量的一定比例。

此外，新版《劳动合同法》最引人关注的就是作出切实维护被派遣劳动者享有与用工单位的劳动者同工同酬的权利的规定。同工同酬是《劳动合同法》规定的一项重要原则。旧版《劳动合同法》实施以来，多数用工单位对本单位的劳动合同制职工逐步做到了同工同酬，但对被派遣劳动者实行与劳动合同制职工不同的工资福利标准和分配办法，有的被派遣劳动者的劳动报酬、社会保险、企业福利等与劳动合同制职工相比差距较大。

为落实被派遣劳动者同工同酬的权利，新版《劳动合同法》增加规定：被派遣劳动者享有与用工单位的劳动者同工同酬的权利。用工单位应当按照同工同酬原则，对被派遣劳动者与本单位同类岗位的劳动者实行相同的劳动报酬分配办法。用工单位无同类岗位劳动者的，参照用工单位所在地相同或者相近岗位劳动者的劳动报酬确定。

二、劳动合同的签订

毕业生从到用人单位工作之日起即与用人单位建立了劳动关系，新版《劳动合同法》第 2 章第 7 条明确规定，用人单位自用工之日起即与劳动者建立劳动关系。用人单位应当建立职工名册备查。第 10 条、第 11 条规定，建立劳动关系，应当订立书面劳动合同。已建立劳动关系，未同时订立书面劳动合同的，应当自用工之日起 1 个月内订立书面劳动合同。用人单位与劳动者在用工前订立劳动合同的，劳动关系自用工之日起建立。用人单位未在用工的同时订立书面劳动合同，与劳动者约定的劳动报酬不明确的，新招用的劳动者的劳动报酬按照集体合同规定的标准执行；没有集体合同或者集体合同未规定的，实行同工同酬。

第 8 条、第 9 条规定，用人单位招用劳动者时，应当如实告知劳动者工作内容、工作条件、工作地点、职业危害、安全生产状况、劳动报酬，以及劳动者要求了解的其他情况；用人单位有权了解劳动者与劳动合同直接相关的基本情况，劳动者应当如实说明。用人单位招用劳动者，不得扣押劳动者的居民身份证和其他证件，不得要求劳动者提供担保或者以其他名义向劳动者收取财物。

劳动合同的主体即劳动者和用人单位。劳动合同的主体与其他合同关系的主体不同：第一，劳动合同的主体是由法律规定的，具有特定性，不具有法律资格的公民与不具有用工权的组织不能签订劳动合同；第二，劳动合同签订后，其主体之间具有行政隶属性，劳动者必须依法服从用人单位的行政管理。

劳动合同是建立劳动关系的基本形式，是劳动者与用人单位之间确立劳动关系，明确双方权利和义务的协议。根据这个协议，劳动者加入企业、个体经济组织、事业单位、国家机关、社会团体等用人单位，成为该单位的一员，承担一定的工作，并遵守所在单位的内部劳动规则和其他规章制度；用人单位应及时安排被录用的劳动者工作，按照劳动者提供劳动的数量和质量支付劳动报酬，并且根据劳动法律、法规规定和劳动合同的约定提供必要的劳动条件，保证劳动者享有劳动保护及社会保险、福利等权利和待遇。

读一读

劳动合同应当具备哪些内容

根据《中华人民共和国劳动合同法》第17条规定，劳动合同应当具备以下条款：

用人单位的名称、住所和法定代表人或者主要负责人；

劳动者的姓名、住址和居民身份证或者其他有效身份证件号码；

劳动合同期限；

工作内容和工作地点；

工作时间和休息休假；

劳动报酬；

社会保险；

劳动保护、劳动条件和职业危害防护；

法律、法规规定应当纳入劳动合同的其他事项。

劳动合同除前款规定的必备条款外，用人单位与劳动者可以约定试用期、培训、保守秘密、补充保险和福利待遇等其他事项。

三、签订劳动合同的注意事项

签订劳动合同有利于避免或减少劳动争议。劳动合同明确规定了劳动者和用人单位的权利与义务，这既是对合同主体双方的保护又是一种约束，有助于提高双方履行合同的自觉性，促使双方正确行使权利，严格履行义务。

依据新版《劳动合同法》的相关条款，毕业生除了要牢记建立劳动关系应当订立书面

劳动合同外，在与用人单位签订劳动合同时还应重点注意以下几项。

1. 劳动合同的签订

订立劳动合同应当遵循合法、公平、平等自愿、协商一致、诚实信用的原则。依法订立的劳动合同具有约束力，用人单位与劳动者应当履行劳动合同约定的义务。如果用人单位未在用工的同时订立书面劳动合同，与劳动者约定的劳动报酬不明确，新招用的劳动者的劳动报酬按照集体合同规定的标准执行；没有集体合同或者集体合同未规定的，实行同工同酬。

2. 劳动合同和试用期的期限

劳动合同分为固定期限劳动合同、无固定期限劳动合同和以完成一定工作任务为期限的劳动合同。劳动合同期限 3 个月以上不满 1 年的，试用期不得超过 1 个月；劳动合同期限 1 年以上不满 3 年的，试用期不得超过 2 个月；3 年以上固定期限和无固定期限的劳动合同，试用期不得超过 6 个月。同一用人单位与同一劳动者只能约定一次试用期。以完成一定工作任务为期限的劳动合同或者劳动合同期限不满 3 个月的，不得约定试用期。试用期包含在劳动合同期限内。劳动合同仅约定试用期的，试用期不成立，该期限为劳动合同期限。

3. 劳动报酬支付及试用期工资标准

用人单位应当按照劳动合同约定和国家规定，向劳动者及时足额支付劳动报酬。用人单位拖欠或者未足额支付劳动报酬的，劳动者可以依法向当地人民法院申请支付令，人民法院应当依法发出支付令。劳动者在试用期的工资不得低于本单位相同岗位最低档工资或者劳动合同约定工资的 80%，并不得低于用人单位所在地的最低工资标准。

4. 加班劳动与危险工作

用人单位应当严格执行劳动定额标准，不得强迫或者变相强迫劳动者加班。用人单位安排加班的，应当按照国家有关规定向劳动者支付加班费。劳动者拒绝用人单位管理人员违章指挥、强令冒险作业的，不视为违反劳动合同。劳动者对危害生命安全和身体健康的劳动条件，有权对用人单位提出批评、检举和控告。

5. 劳动合同的解除

用人单位与劳动者协商一致，可以解除劳动合同。劳动者提前 30 日以书面形式通知用人单位，可以解除劳动合同。劳动者在试用期内提前 3 日通知用人单位，可以解除劳动合同。用人单位以暴力、威胁或者非法限制人身自由的手段强迫劳动者劳动的，或者用人单位违章指挥、强令冒险作业危及劳动者人身安全的，劳动者可以立即解除劳动合同，不需事先告知用人单位。

读一读

什么情况下可以解除劳动合同

根据《劳动合同法》规定，劳动合同的解除和终止应遵循以下条款。

第 36 条 用人单位与劳动者协商一致，可以解除劳动合同。

第 37 条 劳动者提前 30 日以书面形式通知用人单位，可以解除劳动合同。劳动者在试用期内提前 3 日通知用人单位，可以解除劳动合同。

第 38 条 用人单位有下列情形之一的，劳动者可以解除劳动合同：

未按照劳动合同约定提供劳动保护或者劳动条件的；

未及时足额支付劳动报酬的；

未依法为劳动者缴纳社会保险费的；

用人单位的规章制度违反法律、法规的规定，损害劳动者权益的；

因本法第 26 条第 1 款规定的情形致使劳动合同无效的；

法律、行政法规规定劳动者可以解除劳动合同的其他情形。

用人单位以暴力、威胁或者非法限制人身自由的手段强迫劳动者劳动的，或者用人单位违章指挥、强令冒险作业危及劳动者人身安全的，劳动者可以立即解除劳动合同，不需事先告知用人单位。

第 39 条 劳动者有下列情形之一的，用人单位可以解除劳动合同：

在试用期间被证明不符合录用条件的；

严重违反用人单位的规章制度的；

严重失职，营私舞弊，给用人单位造成重大损害的；

劳动者同时与其他用人单位建立劳动关系，对完成本单位的工作任务造成严重影响，或者经用人单位提出，拒不改正的；

因本法第 26 条第 1 款第 1 项规定的情形致使劳动合同无效的；

被依法追究刑事责任的。

课堂活动

签订劳动合同需谨慎

李某等10人毕业后被某化工厂录用，但该工厂以种种理由一直未与李某等人签订劳动合同，直到工作3个月后，厂方迫于压力才与这些员工签订了为期3年的劳动合同。但是，细心的李某发现，厂方在劳动合同中把劳动合同的期限推迟了3个月，也就是说，他们之前干的3个月没有计入合同期。于是他找到厂领导询问，厂领导解释说："劳动关系是从签订劳动合同后才建立的，从法律上讲，没有签订劳动合同就不能说你跟厂里有劳动关系。"李某听了这番话后半信半疑：难道我之前3个月的工作不存在劳动关系吗？

1. 小组讨论：此案例中的化工厂有无违反《劳动合同法》的行为？为什么？
2. 评分标准详见表4.1。

表4.1　案例讨论评分参考表

	第一小组	第二小组	第三小组	第×小组
对案例理解正确（20分）				
能够根据所学法律条文进行分析（20分）				
论据充分，条理清晰（20分）				
语言表达流畅，声音洪亮（20分）				
仪容仪态（20分）				
总分				

四、实习生如何维护劳动权益

1. 实习生是否适用《劳动合同法》

《劳动合同法》第2条规定，中华人民共和国境内的企业、个体经济组织、民办非企业单位等组织（以下称用人单位）与劳动者建立劳动关系，订立、履行、变更、解除或者终止劳动合同，适用本法。国家机关、事业单位、社会团体和与其建立劳动关系的劳动者，订立、履行、变更、解除或者终止劳动合同，依照本法执行。换言之，该法适用于建立劳动关系的主体双方。

因此，要适用《劳动合同法》，该主体必须符合建立劳动关系的主体资格。而《关于贯彻执行〈中华人民共和国劳动法〉若干问题的意见》第12条规定，在校生利用业余时间勤工助学，不视为就业，未建立劳动关系，可以不签订劳动合同。据此，用人单位招用在校学生实习，没有建立劳动关系，也就不适用《劳动合同法》。

虽然在校学生还不能和用人单位签订劳动合同，实习生的权益不能得到《劳动合同法》的保护，但是实习生可以与用人单位签订实习协议。有些地方政府为了鼓励学生就业，对用人单位接收实习生会有一定的补贴，但具体情况需要咨询当地政府。如果用人单位和实习生有约定，用人单位可以不付劳动报酬，不执行当地最低工资标准，实习生加班的劳动报酬支付方式也由用人单位与实习生约定。当然，实习生可以主动向单位询问自己在实习期是否有报酬。如果用人单位提供报酬，实习协议上必须明确约定的报酬标准和支付方式。例如，报酬按天计算，工作一天给80元，或者按月结算，每月报酬1 000元。除此之外，报酬何时以何种方式支付也很重要，最好在实习协议中表述明确。

2. 签订实习协议

详细、严格的法律或行政规章制度对实习生、学校和实习单位都是一种保护。在目前情况下，实习生自我保护最有效和可行的办法，是与实习单位签订实习协议。也就是说，实习生要到实习单位时，应主动要求和实习单位商讨在工作中受伤是否享受工伤待遇以及是否支付劳动报酬等问题，商定后签订实习协议。双方一旦就协议达成一致，就会产生法律效力。

实习协议不同于劳动合同。实习协议是在校学生通过参加实习单位的实际工作进行实践学习，明确双方权利与义务的书面协议；而劳动合同是指劳动者与用人单位建立劳动关系，明确双方权利与义务关系的书面协议。实习协议的本质是平等主体之间的民事合同关系，双方发生纠纷可直接诉至法院，法院处理纠纷的依据是民事法律法规；劳动合同的签订即意味着劳动关系的建立，如果劳动者与用人单位发生纠纷，则应先诉至劳动争议仲裁委员会，劳动争议仲裁委员会处理的依据是劳动法。

一份完善的实习协议最好包含以下内容。

（1）基本信息

基本信息如实习生姓名、证件号码、单位名称应包含在协议内。为了避免争议发生时无法联系到当事人，实习协议上最好还要有实习生的联系地址、用人单位的法定代表人和联系地址。同时，实习生要注意与自己签署实习协议的用人单位是否是合法设立的单位。

（2）报酬

在具体的权利与义务条款中，必须落实的要点之一是实习报酬。有些实习是没有报酬的，用人单位完全是给实习生提供一个实习的机会。如果用人单位支付报酬，实习协议上必须明确约定报酬的标准和支付方式。

（3）工作内容

实习生到用人单位实习，往往缺乏经验，难以做一些技术含量高的工作，用人单位难免将一些琐碎的工作交给实习生完成。有些实习生觉得用人单位给他们做的工作太“小儿科”，体现不出自己的价值，做久了难免失去信心，这样对于单位或实习生来说都不是愉快的经历。因此，用人单位最好与实习生事先约定清楚工作内容，让实习生有个心理准备，不想做就不要参加实习，如果可以接受工作内容，就要把工作做好。

（4）意外风险

实习协议中最重要的部分之一是双方约定风险责任的承担，例如，实习生在工作期间损坏了贵重物品该如何处理，因为过错损失了重要的业务该如何处理。虽然在通常情况下，实习生无法参与重要工作，不会造成这样的损失，但是，一旦发生，有所约定有利于解决问题。此外，最大的一个风险是实习生可能受到的人身伤害。如果实习生在工作中发生人身伤害，特别是造成严重后果的伤害，其责任该由哪方承担。

3. 签订实习协议时的注意事项

实习生在签订实习协议前，应该仔细阅读协议，因为用人单位有自己的风险控制流程，特别是对于规模较大的用人单位来说，如果要修改协议，需要通过规范的流程才行，所以一旦用人单位将一份实习协议放在学生面前时，条款往往难以变化。如果遇见这样的情况，实习生可以对那些可以填写的项目与单位做好协商，对于那些固定的条款，自己要认真读懂，一旦发现对自己太过不利，做好拒绝用人单位的心理准备。对于规模较小的用人单位来说，实习协议可以协商的余地比较大，所以他们的协议内容也比较容易出问题。这个时候，实习生可以多注意重要条款是否具备，缺少的条款尽量要求用人单位补齐。

读一读

实习生三方协议书（示例）

实习单位：______________________ 法人代表：______________________

联系地址：____________________________________（以下简称甲方）

毕业院校：______________________ 负责人：______________________

联系地址：____________________________________（以下简称乙方）

实习学生：______________ 身份证号码：______________________

联系地址：____________________________________（以下简称丙方）

为提高在校毕业生理论联系实际能力，更好地接触用人单位的业务工作，为将来就业打下坚实的基础，现由乙方介绍或促成丙方赴甲方处进行实习。为明确实习学生与实习单位的责任与义务，根据《劳动法》《劳动合同法》等相关规定，经甲、乙、丙三方友好协商，三方在平等自愿的基础上签订本协议。

第 1 条　本协议相关释义

1. 本协议乙方为毕业院校，应向甲方出具相关介绍信及回执。

2. 本协议乙方为监护人，应与甲方进行充分沟通与协商，了解丙方在甲方处实习的具体事宜及本协议内容。

3. 若丙方没有乙方的介绍或促成，自主联系甲方进行实习的，作为具有完全民事行为能力的成年人，应对自己的一切行为承担相应的责任与后果。

第 2 条　实习相关内容

1. 甲方接受丙方并同意在________年____月____日至________年____月____日期间进行为期____个月的实习。

2. 甲方将安排丙方在____________________的岗位进行____________________专业的实习，实习期间丙方须服从甲方的工作安排与岗位调整，并履行其岗位的相应职责。

3. 丙方在实习期间每个月有固定的实习补贴，若完成甲方交办的其他工作任务，甲方会给予丙方一定的奖励或其他福利待遇。

4. 实习结束后，根据丙方的真实表现与考评情况，甲、丙两方可进行双向选择，并按《劳动合同法》的要求签订劳动聘用合同。

第 3 条　甲方的权利与义务

1. 甲方的权利

（1）有权制订丙方的实习计划。

（2）在丙方实习期间，甲方有权对丙方进行日常的工作管理，并安排具有相应专业知识或工作经验的负责人对丙方进行业务工作上的指导。

（3）有权根据自身业务工作的需要及丙方的实际专业能力对其实习的相关内容进行调整。

（4）丙方在实习期间若有违法、违纪和违规行为，应及时通知乙方，并有权作出继续或终止丙方实习的决定。

（5）若丙方因个人行为发生触犯国家法律、法规的情形，甲方有权立即解除本协议并终止丙方的实习，其相关责任及后果由丙方或所涉及的乙方自行负责与承担。

(6) 自本协议签订之日起，若丙方未说明缘由，出现不能按时报到或实习期间擅自离开、自行辞职的情形，甲方有权解除本协议，并通知丙方或所涉及的乙方。

2. 甲方的义务

(1) 按照本协议约定的时间和相关内容为丙方提供实习的岗位，所安排的工作及任务应符合国家相关法律、法规的规定。

(2) 甲方需为丙方提供符合国家规定的安全卫生的工作环境。

(3) 甲方将给予丙方固定的实习补贴。

(4) 甲方应对丙方进行安全教育，加强对丙方的岗位培训与日常工作管理，预防发生在岗工作时的突发事件及其他安全事故。

(5) 为丙方提供其实习期间的真实表现与考评等信息。

第 4 条　乙方的权利与义务

1. 乙方的权利

(1) 有权在不影响甲方正常运营的前提下前往甲方单位对丙方进行监督或义务管理，有权向甲方了解丙方的实习情况，确保丙方遵守本协议并顺利完成实习。

(2) 有权向甲方提出有关丙方继续或终止实习的建议。

2. 乙方的义务

(1) 及时有效配合或协助甲方共同处理丙方在实习期间发生的各种纠纷、突发事件或其他安全事故。

(2) 若因丙方个人行为发生触犯国家法律、法规的情形，其相关责任及后果由所涉及的乙方或丙方自行负责与承担。

第 5 条　丙方的权利与义务

1. 丙方的权利

(1) 享有按照本协议约定的时间及相关内容参加本次实习的机会。

(2) 有权拒绝从事甲方指定的特种作业。

(3) 享有参与甲方相关任务或完成甲方交办的其他工作任务时获得一定的经济补助、奖励或其他福利待遇的权利。

(4) 有权向甲、乙方反映或提出实习期间所遇到的问题及建议。

2. 丙方的义务

(1) 在实习期间，服从甲方的工作安排及日常工作管理，并严格遵守甲方的工作时间、休假制度、考勤制度、行为准则、保密制度及其他甲方要求丙方须遵守的规章制度。

（2）在实习期间，认真履行岗位职责，培养业务工作能力，刻苦锻炼和提高自身的专业技能，在实习的过程中努力完成所涉及的乙方的学习任务及甲方的工作任务。

（3）遵守所涉及的乙方关于实习的管理规定和要求，与乙方保持联系，按照乙方的教学要求做好实习日志等其他相关工作，并接受甲方和乙方的核评。

（4）在实习期间，凡因个人原因自离、辞职或故意造成甲方经济财产损失以及发生触犯国家法律、法规的情形，其责任及后果由丙方或所涉及的乙方自行负责与承担。

第 6 条　安全事故及突发事件的特别约定

1. 鉴于甲、丙双方并未形成实际的劳动法律关系，若丙方在实习期间进行业务工作时，发生因安全事故或突发事件引起的意外伤亡、财物损失、诉讼纠纷等情形，由国家相关法律、法规及司法解释规定的过错方负责与承担相应责任及结果。

2. 若丙方实习期间在业务工作以外的时间发生上述事故、事件的，其责任及结果由丙方或所涉及的乙方自行负责与承担，甲方概不负责承担。

第 7 条　保密约定

本协议甲、乙、丙三方都有义务为三方中的任何一方保守国家法律、法规规定的相关秘密，尤其是甲方的业务运营、人事管理及知识产权类信息的保密，若任何一方违反，按国家相关法律、法规规定追究其责任。

第 8 条　协议的终止与解除

1. 本协议期满自然终止。

2. 因协议期满自然终止以外的其他原因造成协议提前解除的，甲方应及时通知丙方及涉及的乙方。

第 9 条　争议解决

本协议在履行过程中若发生争议，由各方当事人协商解决，协商不成的，可依法向被告所在地人民法院提请诉讼。

第 10 条　本协议的生效

1. 本协议一式三份，甲、乙、丙三方各执一份，经相关方签署后生效。

2. 本协议其他未尽事宜，经各方协商一致，可作其他补充条款的约定，补充条款与本协议内容具有同等法律效力。

3. 双方约定的其他补充条款：

（1）实习津贴

依照按劳取酬的原则，按甲方现行制度确定丙方的实习津贴。具体支付方法如下：实习津贴________元/天，午餐补贴________元/天，其他补贴：________。

（2）工作时间及休息假日

甲方实行每日________小时工作制，工作时间为________至________，保证丙方按照国家和本市有关规定享受各种休息、休假；如有项目需要，本着自愿原则加班。

（3）________________________________。

各方签署：

甲方：　　　　甲方代表：　　　　年　　月　　日

乙方：　　　　乙方代表：　　　　年　　月　　日

丙方：　　　　丙方代表：　　　　年　　月　　日

第三节　劳动争议处理

议一议

王某应该被裁吗

王某毕业后如愿进入一家药业公司工作。2018 年 2 月，王某正在休产假，她所在的公司因经济效益不佳进行裁员，王某也在被裁减人员之中。王某回单位后，药业公司新任经理不但不给其工资，还让王某自己联系工作。

王某应该属于被裁员工之列吗？为什么？

近几年全国的劳动争议案件数量呈上升趋势，一方面表明劳动者法律意识、维权意识普遍提升，另一方面表明一些劳动者对维权途径缺乏必要的了解，并且缺少相应的心理准备，以致不能采取正确、合法的方式处理劳动争议。

一、劳动争议

劳动争议又称劳动纠纷，是指劳动关系当事人之间因劳动权利和劳动义务而发生的争议。劳动争议的范围具体包括：因除名、辞退和辞职、离职发生的争议，因工作时间、休息休假、社会保险、福利、培训以及劳动保护发生的争议，因订立、履行、变更、解除和终止劳动合同发生的争议，等等。

二、劳动争议的处理方法

用人单位与劳动者之间发生劳动争议，当事人可以协商解决，也可以依法申请调解、仲裁乃至提起诉讼。

1. 协商

劳动争议发生后，双方当事人进行直接协商，以避免激化矛盾，使争议进一步复杂化。劳动者可以本人或者请求本单位工会帮助自己与用人单位进行协商，以维护自己的劳动权利。

2. 调解

当用人单位与劳动者之间发生争议时，当事人可以到企业劳动争议调解委员会、依法设立的基层人民调解组织或在乡镇、街道设立的具有劳动争议调解职能的组织申请调解。

当事双方经调解达成协议的，应制作调解协议书。调解协议书由双方当事人签名或盖章，经调解员签名并加盖调解组织印章后生效，对双方当事人具有约束力，当事人均应履行。自劳动争议调解组织收到调解申请之日起 15 日内未达成调解协议的，当事人可以依法申请仲裁；达成调解协议后，一方当事人在协议约定期限内不履行调解协议的，另一方当事人也可以依法申请仲裁。

图 4.4　劳动仲裁

3. 仲裁

劳动仲裁是指由劳动争议仲裁委员会对当事人申请仲裁的劳动争议居中公断与裁决。在我国，劳动仲裁是劳动争议当事人向人民法院提起诉讼的必经程序。相关法律规定，劳动争议申请仲裁的时效期间为 1 年。仲裁时效期间从当事人知道或者应当知道其权利被侵害之日起计算。除非当事人是因不可抗力或有其他正当理由，否则超过法律规定的申请仲裁时效的，劳动争议仲裁委员会不予受理。

劳动关系存续期间因拖欠劳动报酬发生争议的，劳动者申请仲裁不受仲裁时效期间的限制；但是，劳动关系终止的，应当自劳动关系终止之日起 1 年内提出。

当事人申请劳动争议仲裁后，仍可以自行和解。达成和解协议的，可以申请撤回仲裁申请。

试用期长短可以随意约定吗

某技工院校学生小刘毕业后进入一家单位。该单位与他签订了为期 5 年的劳动合同，约定试用期为 1 年。8 个月后，由于小刘没有完成劳动定额，单位以试用期不符合录用条件为由单方面解除了劳动合同。小刘不服，到劳动争议仲裁委员会申诉，劳动争议仲裁委员会了解情况后，裁决双方签订的劳动合同的试用期无效。

评析

该案例所涉劳动争议的焦点是试用期长短是否可以由双方随意约定。试用期是用人单位和劳动者相互考察的时期。试用期不是所有的劳动合同都必须约定的，双方协商一致可以约定，但也必须在法律规定的限度之内。《劳动合同法》规定，劳动合同期限 3 个月以上不满 1 年的，试用期不得超过 1 个月；劳动合同期限 1 年以上不满 3 年的，试用期不得超过 2 个月；3 年以上固定期限和无固定期限的劳动合同，试用期不得超过 6 个月。在本案例中，劳动合同期限为 5 年，因此，试用期最长不得超过 6 个月，而单位与小刘约定了 1 年的试用期，这是无效条款。单位应当按照《劳动合同法》的相关规定承担法律责任，即以小刘试用期满月工资为标准，按已经履行的超过法定试用期的期间向小刘支付赔偿金。

4. 诉讼

劳动者对劳动争议仲裁裁决不服时，可以在收到仲裁裁决书之日起 15 日内向人民法院提起诉讼。

劳动诉讼是指劳动争议当事人不服劳动争议仲裁委员会的裁决，在规定的期限内向人民法院起诉，人民法院依照民事诉讼程序，依法对劳动争议案件进行审理的活动。此外，当事人一方不履行劳动争议仲裁委员会已发生法律效力的裁决书或调解书，另一方当事人也可以上诉要求法院强制执行。

仲裁程序是劳动争议案件的前置程序，未经仲裁，案件不能进入诉讼程序。起诉必须符合下列条件：原告是与本案有直接利害关系的公民、法人和其他组织，有明确的被告，有具体的诉讼请求和事实、理由，属于人民法院受理民事诉讼的范围和受诉人民法院管辖。

因用人单位作出的开除、除名、辞退、解除劳动合同、减少劳动报酬、计算劳动者工作年限等决定而发生的劳动争议，用人单位负举证责任。

同意解约引歧义，职工终获经济赔偿

周某进入某电子公司任车床操作工，月薪2 500元。

某日凌晨，周某轮值夜班时用笔记本电脑看电影，被主任发现。几天后，公司人事主管找到周某，说公司决定解除与她的劳动合同，并拿出一份事先印刷好的解除劳动合同证明签收回执单，要她看完后签字，周某马马虎虎看了两眼就签了字。

第二天，周某向劳动争议仲裁机构申请仲裁，要求公司支付违法解除劳动合同的经济补偿金8 000元，未获支持后，周某诉至法院。在庭审过程中，公司出示周某当天签字确认的回执单。公司表示，“已悉阅并同意按照该证明内容执行”表明周某同意公司解除合同的事实和理由。周某表示，自己同意执行的是解除合同的事实，不等于同意解除的理由，公司也没有向她解释这句话的意思。

最终，当地人民法院依法判决，公司向周某支付违法解除劳动合同赔偿金7 500元。

评析

解除劳动合同证明的内容由公司印刷，属格式条款，公司在未向原告明示该条款内容的情况下，依照格式条款歧义不利于提供方的解释原则，对格式条款应作出不利于提供方的解释。据此，法院认定，周某在签收回执单上签字时仅同意解除的事实而非解除的理由。这意味着双方并非协商一致解除劳动合同，电子公司还需证明公司方有充分的解除劳动合同的理由。

按《劳动合同法》的规定，劳动者严重违反用人单位规章制度的，用人单位可以解除劳动合同。法律对何谓“严重”未作明确规定。一般来说，用人单位以严重违纪为由解除劳动合同，必须符合3个条件：第一，劳动者的行为违反了用人单位的规章制度；第二，劳动者的违纪行为在劳动合同或规章制度中被列为应当解除劳动合同的行为；第三，规章制度合法、有效并告知劳动者。

即使周某的行为存在不妥之处，公司解除其劳动合同显然处罚过重，构成违法解除。对违法解除劳动合同，劳动者要求继续履行劳动合同的，用人单位应当继续履行；劳动者不要求继续履行劳动合同或者劳动合同已经不能继续履行的，用人单位应当按照经济补偿标准的2倍向劳动者支付赔偿金。

三、劳动仲裁与劳动诉讼的关系

劳动仲裁是指劳动争议仲裁委员会根据劳动争议当事人的请求，对劳动争议的事实和责任依法作出判断和裁决，并对当事人具有法律约束力的一种劳动争议处理方式。劳动诉讼是指人民法院对当事人不服劳动争议仲裁委员会的裁决或决定而起诉的劳动争议案件，依照法定程序进行审理和判决，并对当事人具有强制执行力的一种劳动争议处理方式。

劳动仲裁是劳动诉讼的法定前置程序，劳动争议当事人须首先将争议提交劳动争议仲裁委员会进行仲裁，仲裁裁决后，如对仲裁裁决不服，应在收到裁决书后15日内向人民法院起诉。当事人如未经仲裁而直接向人民法院起诉，人民法院不予受理。

收到仲裁裁决后，当事人未在15日内起诉的，裁决发生法律效力，当事人应当履行该裁决，否则对方可申请人民法院强制执行；在15日内起诉的，仲裁裁决不发生法律效力，人民法院应当对该劳动争议进行全面审理，不受已完成的仲裁的影响。

实践与探索

1. 个人任务：将本课知识点整理成一张思维导图。

2. 小调查

自己设计调查表格，组成调查小组，就毕业生就业权利与义务认知状况以及毕业生签订劳动合同的状况进行调查分析。要求如下。

（1）全班分为4~6个小组，分组设计20个以上的调查项目（围绕上述两方面内容各设计至少10个项目）。

（2）分别有效调查访问20位以上的应届毕业生和20位以上已经工作的毕业生。

（3）各小组写出统计分析报告，然后小组之间交流讨论。

附录

中华人民共和国劳动合同法

（2007 年 6 月 29 日第十届全国人民代表大会常务委员会第二十八次会议通过。根据 2012 年 12 月 28 日第十一届全国人民代表大会常务委员会第三十次会议《关于修改〈中华人民共和国劳动合同法〉的决定》修正）

目　　录

第一章　总　　则

第一条　为了完善劳动合同制度，明确劳动合同双方当事人的权利和义务，保护劳动者的合法权益，构建和发展和谐稳定的劳动关系，制定本法。

第二条　中华人民共和国境内的企业、个体经济组织、民办非企业单位等组织（以下称用人单位）与劳动者建立劳动关系，订立、履行、变更、解除或者终止劳动合同，适用本法。

国家机关、事业单位、社会团体和与其建立劳动关系的劳动者，订立、履行、变更、解除或者终止劳动合同，依照本法执行。

第三条　订立劳动合同，应当遵循合法、公平、平等自愿、协商一致、诚实信用的原则。

依法订立的劳动合同具有约束力，用人单位与劳动者应当履行劳动合同约定的义务。

第四条　用人单位应当依法建立和完善劳动规章制度，保障劳动者享有劳动权利、履行劳动义务。

用人单位在制定、修改或者决定有关劳动报酬、工作时间、休息休假、劳动安全卫生、保险福利、职工培训、劳动纪律以及劳动定额管理等直接涉及劳动者切身利益的规章制度或者重大事项时，应当经职工代表大会或者全体职工讨论，提出方案和意见，与工会或者职工代表平等协商确定。

在规章制度和重大事项决定实施过程中，工会或者职工认为不适当的，有权向用人单位提出，通过协商予以修改完善。

用人单位应当将直接涉及劳动者切身利益的规章制度和重大事项决定公示，或者告知劳动者。

第五条　县级以上人民政府劳动行政部门会同工会和企业方面代表，建立健全协调劳动关系三方机制，共同研究解决有关劳动关系的重大问题。

第六条　工会应当帮助、指导劳动者与用人单位依法订立和履行劳动合同，并与用人单位建立集体协商机制，维护劳动者的合法权益。

第二章　劳动合同的订立

第七条　用人单位自用工之日起即与劳动者建立劳动关系。用人单位应当建立职工名册备查。

第八条　用人单位招用劳动者时，应当如实告知劳动者工作内容、工作条件、工作地点、职业危害、安全生产状况、劳动报酬，以及劳动者要求了解的其他情况；用人单位有权了解劳动者与劳动合同直接相关的基本情况，劳动者应当如实说明。

第九条　用人单位招用劳动者，不得扣押劳动者的居民身份证和其他证件，不得要求劳动者提供担保或者以其他名义向劳动者收取财物。

第十条　建立劳动关系，应当订立书面劳动合同。

已建立劳动关系，未同时订立书面劳动合同的，应当自用工之日起一个月内订立书面劳动合同。

用人单位与劳动者在用工前订立劳动合同的，劳动关系自用工之日起建立。

第十一条　用人单位未在用工的同时订立书面劳动合同，与劳动者约定的劳动报酬不明确的，新招用的劳动者的劳动报酬按照集体合同规定的标准执行；没有集体合同或者集体合同未规定的，实行同工同酬。

第十二条　劳动合同分为固定期限劳动合同、无固定期限劳动合同和以完成一定工作任务为期限的劳动合同。

第十三条　固定期限劳动合同，是指用人单位与劳动者约定合同终止时间的劳动合同。

用人单位与劳动者协商一致，可以订立固定期限劳动合同。

第十四条　无固定期限劳动合同，是指用人单位与劳动者约定无确定终止时间的劳动合同。

用人单位与劳动者协商一致，可以订立无固定期限劳动合同。有下列情形之一，劳动者提出或者同意续订、订立劳动合同的，除劳动者提出订立固定期限劳动合同外，应当订立无固定期限劳动合同：

（一）劳动者在该用人单位连续工作满十年的；

（二）用人单位初次实行劳动合同制度或者国有企业改制重新订立劳动合同时，劳动者在该用人单位连续工作满十年且距法定退休年龄不足十年的；

（三）连续订立二次固定期限劳动合同，且劳动者没有本法第三十九条和第四十条第一项、第二项规定的情形，续订劳动合同的。

用人单位自用工之日起满一年不与劳动者订立书面劳动合同的，视为用人单位与劳动者已订立无固定期限劳动合同。

第十五条　以完成一定工作任务为期限的劳动合同，是指用人单位与劳动者约定以某项工作的完成为合同期限的劳动合同。

用人单位与劳动者协商一致，可以订立以完成一定工作任务为期限的劳动合同。

第十六条　劳动合同由用人单位与劳动者协商一致，并经用人单位与劳动者在劳动合同文本上签字或者盖章生效。

劳动合同文本由用人单位和劳动者各执一份。

第十七条　劳动合同应当具备以下条款：

（一）用人单位的名称、住所和法定代表人或者主要负责人；

（二）劳动者的姓名、住址和居民身份证或者其他有效身份证件号码；

（三）劳动合同期限；

（四）工作内容和工作地点；

（五）工作时间和休息休假；

（六）劳动报酬；

（七）社会保险；

（八）劳动保护、劳动条件和职业危害防护；

（九）法律、法规规定应当纳入劳动合同的其他事项。

劳动合同除前款规定的必备条款外，用人单位与劳动者可以约定试用期、培训、保守秘密、补充保险和福利待遇等其他事项。

第十八条　劳动合同对劳动报酬和劳动条件等标准约定不明确，引发争议的，用人单位与劳动者可以重新协商；协商不成的，适用集体合同规定；没有集体合同或者集体合同未规定劳动报酬的，实行同工同酬；没有集体合同或者集体合同未规定劳动条件等标准的，适用国家有关规定。

第十九条　劳动合同期限三个月以上不满一年的，试用期不得超过一个月；劳动合同期限一年以上不满三年的，试用期不得超过二个月；三年以上固定期限和无固定期限的劳动合同，试用期不得超过六个月。

同一用人单位与同一劳动者只能约定一次试用期。

以完成一定工作任务为期限的劳动合同或者劳动合同期限不满三个月的，不得约定试用期。

试用期包含在劳动合同期限内。劳动合同仅约定试用期的，试用期不成立，该期限为劳动合同期限。

第二十条　劳动者在试用期的工资不得低于本单位相同岗位最低档工资或者劳动合同约定工资的百分之八十，并不得低于用人单位所在地的最低工资标准。

第二十一条　在试用期中，除劳动者有本法第三十九条和第四十条第一项、第二项规定的情形外，用人单位不得解除劳动合同。用人单位在试用期解除劳动合同的，应当向劳动者说明理由。

第二十二条　用人单位为劳动者提供专项培训费用，对其进行专业技术培训的，可以与该劳动者订立协议，约定服务期。

劳动者违反服务期约定的，应当按照约定向用人单位支付违约金。违约金的数额不得超过用人单位提供的培训费用。用人单位要求劳动者支付的违约金不得超过服务期尚未履行部分所应分摊的培训费用。

用人单位与劳动者约定服务期的，不影响按照正常的工资调整机制提高劳动者在服务期期间的劳动报酬。

第二十三条　用人单位与劳动者可以在劳动合同中约定保守用人单位的商业秘密和与知识产权相关的保密事项。

对负有保密义务的劳动者，用人单位可以在劳动合同或者保密协议中与劳动者约定竞业限制条款，并约定在解除或者终止劳动合同后，在竞业限制期限内按月给予劳动者经济补偿。劳动者违反竞业限制约定的，应当按照约定向用人单位支付违约金。

第二十四条　竞业限制的人员限于用人单位的高级管理人员、高级技术人员和其他负有保密义务的人员。竞业限制的范围、地域、期限由用人单位与劳动者约定，竞业限制的约定不得违反法律、法规的规定。

在解除或者终止劳动合同后，前款规定的人员到与本单位生产或者经营同类产品、从事同类业务的有竞争关系的其他用人单位，或者自己开业生产或者经营同类产品、从事同类业务的竞业限制期限，不得超过二年。

第二十五条　除本法第二十二条和第二十三条规定的情形外，用人单位不得与劳动者约定由劳动者承担违约金。

第二十六条　下列劳动合同无效或者部分无效：

（一）以欺诈、胁迫的手段或者乘人之危，使对方在违背真实意思的情况下订立或者变更劳动合同的；

（二）用人单位免除自己的法定责任、排除劳动者权利的；

（三）违反法律、行政法规强制性规定的。

对劳动合同的无效或者部分无效有争议的，由劳动争议仲裁机构或者人民法院确认。

第二十七条　劳动合同部分无效，不影响其他部分效力的，其他部分仍然有效。

第二十八条　劳动合同被确认无效，劳动者已付出劳动的，用人单位应当向劳动者支付劳动报酬。劳动报酬的数额，参照本单位相同或者相近岗位劳动者的劳动报酬确定。

第三章　劳动合同的履行和变更

第二十九条　用人单位与劳动者应当按照劳动合同的约定，全面履行各自的义务。

第三十条　用人单位应当按照劳动合同约定和国家规定，向劳动者及时足额支付劳动报酬。

用人单位拖欠或者未足额支付劳动报酬的，劳动者可以依法向当地人民法院申请支付令，人民法院应当依法发出支付令。

第三十一条　用人单位应当严格执行劳动定额标准，不得强迫或者变相强迫劳动者加班。用人单位安排加班的，应当按照国家有关规定向劳动者支付加班费。

第三十二条　劳动者拒绝用人单位管理人员违章指挥、强令冒险作业的，不视为违反劳动合同。

劳动者对危害生命安全和身体健康的劳动条件，有权对用人单位提出批评、检举和控告。

第三十三条　用人单位变更名称、法定代表人、主要负责人或者投资人等事项，不影响劳动合同的履行。

第三十四条　用人单位发生合并或者分立等情况，原劳动合同继续有效，劳动合同由承继其权利和义务的用人单位继续履行。

第三十五条　用人单位与劳动者协商一致，可以变更劳动合同约定的内容。变更劳动合同，应当采用书面形式。

变更后的劳动合同文本由用人单位和劳动者各执一份。

第四章　劳动合同的解除和终止

第三十六条　用人单位与劳动者协商一致，可以解除劳动合同。

第三十七条　劳动者提前三十日以书面形式通知用人单位，可以解除劳动合同。劳动者在试用期内提前三日通知用人单位，可以解除劳动合同。

第三十八条　用人单位有下列情形之一的，劳动者可以解除劳动合同：

（一）未按照劳动合同约定提供劳动保护或者劳动条件的；

（二）未及时足额支付劳动报酬的；

（三）未依法为劳动者缴纳社会保险费的；

（四）用人单位的规章制度违反法律、法规的规定，损害劳动者权益的；

（五）因本法第二十六条第一款规定的情形致使劳动合同无效的；

（六）法律、行政法规规定劳动者可以解除劳动合同的其他情形。

用人单位以暴力、威胁或者非法限制人身自由的手段强迫劳动者劳动的，或者用人单位违章指挥、强令冒险作业危及劳动者人身安全的，劳动者可以立即解除劳动合同，不需事先告知用人单位。

第三十九条　劳动者有下列情形之一的，用人单位可以解除劳动合同：

（一）在试用期间被证明不符合录用条件的；

（二）严重违反用人单位的规章制度的；

（三）严重失职，营私舞弊，给用人单位造成重大损害的；

（四）劳动者同时与其他用人单位建立劳动关系，对完成本单位的工作任务造成严重影响，或者经用人单位提出，拒不改正的；

（五）因本法第二十六条第一款第一项规定的情形致使劳动合同无效的；

（六）被依法追究刑事责任的。

第四十条　有下列情形之一的，用人单位提前三十日以书面形式通知劳动者本人或者额外支付劳动者一个月工资后，可以解除劳动合同：

（一）劳动者患病或者非因工负伤，在规定的医疗期满后不能从事原工作，也不能从事由用人单位另行安排的工作的；

（二）劳动者不能胜任工作，经过培训或者调整工作岗位，仍不能胜任工作的；

（三）劳动合同订立时所依据的客观情况发生重大变化，致使劳动合同无法履行，经用人单位与劳动者协商，未能就变更劳动合同内容达成协议的。

第四十一条　有下列情形之一，需要裁减人员二十人以上或者裁减不足二十人但占企业职工总数百分之十以上的，用人单位提前三十日向工会或者全体职工说明情况，听取工会或者职工的意见后，裁减人员方案经向劳动行政部门报告，可以裁减人员：

（一）依照企业破产法规定进行重整的；

（二）生产经营发生严重困难的；

（三）企业转产、重大技术革新或者经营方式调整，经变更劳动合同后，仍需裁减人员的；

（四）其他因劳动合同订立时所依据的客观经济情况发生重大变化，致使劳动合同无法履行的。

裁减人员时，应当优先留用下列人员：

（一）与本单位订立较长期限的固定期限劳动合同的；

（二）与本单位订立无固定期限劳动合同的；

（三）家庭无其他就业人员，有需要扶养的老人或者未成年人的。

用人单位依照本条第一款规定裁减人员，在六个月内重新招用人员的，应当通知被裁减的人员，并在同等条件下优先招用被裁减的人员。

第四十二条　劳动者有下列情形之一的，用人单位不得依照本法第四十条、第四十一条的规定解除劳动合同：

（一）从事接触职业病危害作业的劳动者未进行离岗前职业健康检查，或者疑似职业病病人在诊断或者医学观察期间的；

（二）在本单位患职业病或者因工负伤并被确认丧失或者部分丧失劳动能力的；

（三）患病或者非因工负伤，在规定的医疗期内的；

（四）女职工在孕期、产期、哺乳期的；

（五）在本单位连续工作满十五年，且距法定退休年龄不足五年的；

（六）法律、行政法规规定的其他情形。

第四十三条　用人单位单方解除劳动合同，应当事先将理由通知工会。用人单位违反法律、行政法规规定或者劳动合同约定的，工会有权要求用人单位纠正。用人单位应当研究工会的意见，并将处理结果书面通知工会。

第四十四条　有下列情形之一的，劳动合同终止：

（一）劳动合同期满的；

（二）劳动者开始依法享受基本养老保险待遇的；

（三）劳动者死亡，或者被人民法院宣告死亡或者宣告失踪的；

（四）用人单位被依法宣告破产的；

（五）用人单位被吊销营业执照、责令关闭、撤销或者用人单位决定提前解散的；

（六）法律、行政法规规定的其他情形。

第四十五条　劳动合同期满，有本法第四十二条规定情形之一的，劳动合同应当续延至相应的情形消失时终止。但是，本法第四十二条第二项规定丧失或者部分丧失劳动能力劳动者的劳动合同的终止，按照国家有关工伤保险的规定执行。

第四十六条　有下列情形之一的，用人单位应当向劳动者支付经济补偿：

（一）劳动者依照本法第三十八条规定解除劳动合同的；

（二）用人单位依照本法第三十六条规定向劳动者提出解除劳动合同并与劳动者协商一致解除劳动合同的；

（三）用人单位依照本法第四十条规定解除劳动合同的；

（四）用人单位依照本法第四十一条第一款规定解除劳动合同的；

（五）除用人单位维持或者提高劳动合同约定条件续订劳动合同，劳动者不同意续订的情形外，依照本法第四十四条第一项规定终止固定期限劳动合同的；

（六）依照本法第四十四条第四项、第五项规定终止劳动合同的；

（七）法律、行政法规规定的其他情形。

第四十七条　经济补偿按劳动者在本单位工作的年限，每满一年支付一个月工资的标准向劳动者支付。六个月以上不满一年的，按一年计算；不满六个月的，向劳动者支付半个月工资的经济补偿。

劳动者月工资高于用人单位所在直辖市、设区的市级人民政府公布的本地区上年度职工月平均工资三倍的，向其支付经济补偿的标准按职工月平均工资三倍的数额支付，向其支付经济补偿的年限最高不超过十二年。

本条所称月工资是指劳动者在劳动合同解除或者终止前十二个月的平均工资。

第四十八条　用人单位违反本法规定解除或者终止劳动合同，劳动者要求继续履行劳动合同的，用人单位应当继续履行；劳动者不要求继续履行劳动合同或者劳动合同已经不能继续履行的，用人单位应当依照本法第八十七条规定支付赔偿金。

第四十九条　国家采取措施，建立健全劳动者社会保险关系跨地区转移接续制度。

第五十条　用人单位应当在解除或者终止劳动合同时出具解除或者终止劳动合同的证明，并在十五日内为劳动者办理档案和社会保险关系转移手续。

劳动者应当按照双方约定，办理工作交接。用人单位依照本法有关规定应当向劳动者支付经济补偿的，在办结工作交接时支付。

用人单位对已经解除或者终止的劳动合同的文本，至少保存二年备查。

第五章　特别规定

第一节　集体合同

第五十一条　企业职工一方与用人单位通过平等协商，可以就劳动报酬、工作时间、休息休假、劳动安全卫生、保险福利等事项订立集体合同。集体合同草案应当提交职工代表大会或者全体职工讨论通过。

集体合同由工会代表企业职工一方与用人单位订立；尚未建立工会的用人单位，由上级工会指导劳动者推举的代表与用人单位订立。

第五十二条　企业职工一方与用人单位可以订立劳动安全卫生、女职工权益保护、工资调整机制等专项集体合同。

第五十三条　在县级以下区域内,建筑业、采矿业、餐饮服务业等行业可以由工会与企业方面代表订立行业性集体合同，或者订立区域性集体合同。

第五十四条　集体合同订立后,应当报送劳动行政部门；劳动行政部门自收到集体合同文本之日起十五日内未提出异议的，集体合同即行生效。

依法订立的集体合同对用人单位和劳动者具有约束力。行业性、区域性集体合同对当地本行业、本区域的用人单位和劳动者具有约束力。

第五十五条　集体合同中劳动报酬和劳动条件等标准不得低于当地人民政府规定的最低标准;用人单位与劳动者订立的劳动合同中劳动报酬和劳动条件等标准不得低于集体合同规定的标准。

第五十六条　用人单位违反集体合同,侵犯职工劳动权益的，工会可以依法要求用人单位承担责任；因履行集体合同发生争议，经协商解决不成的，工会可以依法申请仲裁、提起诉讼。

第二节　劳务派遣

第五十七条　经营劳务派遣业务应当具备下列条件：

（一）注册资本不得少于人民币二百万元；

（二）有与开展业务相适应的固定的经营场所和设施；

（三）有符合法律、行政法规规定的劳务派遣管理制度；

（四）法律、行政法规规定的其他条件。

经营劳务派遣业务，应当向劳动行政部门依法申请行政许可；经许可的，依法办理相应的公司登记。未经许可，任何单位和个人不得经营劳务派遣业务。

第五十八条　劳务派遣单位是本法所称用人单位,应当履行用人单位对劳动者的义务。劳务派遣单位与被派遣劳动者订立的劳动合同，除应当载明本法第十七条规定的事项外，还应当载明被派遣劳动者的用工单位以及派遣期限、工作岗位等情况。

劳务派遣单位应当与被派遣劳动者订立二年以上的固定期限劳动合同，按月支付劳动报酬；被派遣劳动者在无工作期间，劳务派遣单位应当按照所在地人民政府规定的最低工资标准，向其按月支付报酬。

第五十九条　劳务派遣单位派遣劳动者应当与接受以劳务派遣形式用工的单位（以下称用工单位）订立劳务派遣协议。劳务派遣协议应当约定派遣岗位和人员数量、派遣期限、劳动报酬和社会保险费的数额与支付方式以及违反协议的责任。

用工单位应当根据工作岗位的实际需要与劳务派遣单位确定派遣期限，不得将连续用工期限分割订立数个短期劳务派遣协议。

第六十条　劳务派遣单位应当将劳务派遣协议的内容告知被派遣劳动者。

劳务派遣单位不得克扣用工单位按照劳务派遣协议支付给被派遣劳动者的劳动报酬。

劳务派遣单位和用工单位不得向被派遣劳动者收取费用。

第六十一条　劳务派遣单位跨地区派遣劳动者的，被派遣劳动者享有的劳动报酬和劳动条件，按照用工单位所在地的标准执行。

第六十二条　用工单位应当履行下列义务：

（一）执行国家劳动标准，提供相应的劳动条件和劳动保护；

（二）告知被派遣劳动者的工作要求和劳动报酬；

（三）支付加班费、绩效奖金，提供与工作岗位相关的福利待遇；

（四）对在岗被派遣劳动者进行工作岗位所必需的培训；

（五）连续用工的，实行正常的工资调整机制。

用工单位不得将被派遣劳动者再派遣到其他用人单位。

第六十三条　被派遣劳动者享有与用工单位的劳动者同工同酬的权利。用工单位应当按照同工同酬原则，对被派遣劳动者与本单位同类岗位的劳动者实行相同的劳动报酬分配办法。用工单位无同类岗位劳动者的，参照用工单位所在地相同或者相近岗位劳动者的劳动报酬确定。

劳务派遣单位与被派遣劳动者订立的劳动合同和与用工单位订立的劳务派遣协议，载明或者约定的向被派遣劳动者支付的劳动报酬应当符合前款规定。

第六十四条　被派遣劳动者有权在劳务派遣单位或者用工单位依法参加或者组织工会，维护自身的合法权益。

第六十五条　被派遣劳动者可以依照本法第三十六条、第三十八条的规定与劳务派遣单位解除劳动合同。

被派遣劳动者有本法第三十九条和第四十条第一项、第二项规定情形的，用工单位可以将劳动者退回劳务派遣单位，劳务派遣单位依照本法有关规定，可以与劳动者解除劳动合同。

第六十六条　劳动合同用工是我国的企业基本用工形式。劳务派遣用工是补充形式，只能在临时性、辅助性或者替代性的工作岗位上实施。

前款规定的临时性工作岗位是指存续时间不超过六个月的岗位；辅助性工作岗位是指为主营业务岗位提供服务的非主营业务岗位；替代性工作岗位是指用工单位的劳动者因脱产学习、休假等原因无法工作的一定期间内，可以由其他劳动者替代工作的岗位。

用工单位应当严格控制劳务派遣用工数量，不得超过其用工总量的一定比例，具体比例由国务院劳动行政部门规定。

第六十七条　用人单位不得设立劳务派遣单位向本单位或者所属单位派遣劳动者。

第三节　非全日制用工

第六十八条　非全日制用工，是指以小时计酬为主，劳动者在同一用人单位一般平均每日工作时间不超过四小时，每周工作时间累计不超过二十四小时的用工形式。

第六十九条　非全日制用工双方当事人可以订立口头协议。

从事非全日制用工的劳动者可以与一个或者一个以上用人单位订立劳动合同；但是，后订立的劳动合同不得影响先订立的劳动合同的履行。

第七十条　非全日制用工双方当事人不得约定试用期。

第七十一条　非全日制用工双方当事人任何一方都可以随时通知对方终止用工。终止用工，用人单位不向劳动者支付经济补偿。

第七十二条　非全日制用工小时计酬标准不得低于用人单位所在地人民政府规定的最低小时工资标准。

非全日制用工劳动报酬结算支付周期最长不得超过十五日。

第六章　监 督 检 查

第七十三条　国务院劳动行政部门负责全国劳动合同制度实施的监督管理。

县级以上地方人民政府劳动行政部门负责本行政区域内劳动合同制度实施的监督管理。

县级以上各级人民政府劳动行政部门在劳动合同制度实施的监督管理工作中，应当听取工会、企业方面代表以及有关行业主管部门的意见。

第七十四条　县级以上地方人民政府劳动行政部门依法对下列实施劳动合同制度的情况进行监督检查：

（一）用人单位制定直接涉及劳动者切身利益的规章制度及其执行的情况；

（二）用人单位与劳动者订立和解除劳动合同的情况；

（三）劳务派遣单位和用工单位遵守劳务派遣有关规定的情况；

（四）用人单位遵守国家关于劳动者工作时间和休息休假规定的情况；

（五）用人单位支付劳动合同约定的劳动报酬和执行最低工资标准的情况；

（六）用人单位参加各项社会保险和缴纳社会保险费的情况；

（七）法律、法规规定的其他劳动监察事项。

第七十五条　县级以上地方人民政府劳动行政部门实施监督检查时，有权查阅与劳动合同、集体合同有关的材料，有权对劳动场所进行实地检查，用人单位和劳动者都应当如实提供有关情况和材料。

劳动行政部门的工作人员进行监督检查，应当出示证件，依法行使职权，文明执法。

第七十六条　县级以上人民政府建设、卫生、安全生产监督管理等有关主管部门在各自职责范围内，对用人单位执行劳动合同制度的情况进行监督管理。

第七十七条　劳动者合法权益受到侵害的，有权要求有关部门依法处理，或者依法申请仲裁、提起诉讼。

第七十八条　工会依法维护劳动者的合法权益，对用人单位履行劳动合同、集体合同的情况进行监督。用人单位违反劳动法律、法规和劳动合同、集体合同的，工会有权提出意见或者要求纠正；劳动者申请仲裁、提起诉讼的，工会依法给予支持和帮助。

第七十九条　任何组织或者个人对违反本法的行为都有权举报，县级以上人民政府劳动行政部门应当及时核实、处理，并对举报有功人员给予奖励。

第七章　法律责任

第八十条　用人单位直接涉及劳动者切身利益的规章制度违反法律、法规规定的，由劳动行政部门责令改正，给予警告；给劳动者造成损害的，应当承担赔偿责任。

第八十一条　用人单位提供的劳动合同文本未载明本法规定的劳动合同必备条款或者用人单位未将劳动合同文本交付劳动者的，由劳动行政部门责令改正；给劳动者造成损害的，应当承担赔偿责任。

第八十二条　用人单位自用工之日起超过一个月不满一年未与劳动者订立书面劳动合同的，应当向劳动者每月支付二倍的工资。

用人单位违反本法规定不与劳动者订立无固定期限劳动合同的，自应当订立无固定期限劳动合同之日起向劳动者每月支付二倍的工资。

第八十三条　用人单位违反本法规定与劳动者约定试用期的，由劳动行政部门责令改正；违法约定的试用期已经履行的，由用人单位以劳动者试用期满月工资为标准，按已经履行的超过法定试用期的期间向劳动者支付赔偿金。

第八十四条　用人单位违反本法规定，扣押劳动者居民身份证等证件的，由劳动行政部门责令限期退还劳动者本人，并依照有关法律规定给予处罚。

用人单位违反本法规定，以担保或者其他名义向劳动者收取财物的，由劳动行政部门责令限期退还劳动者本人，并以每人五百元以上二千元以下的标准处以罚款；给劳动者造成损害的，应当承担赔偿责任。

劳动者依法解除或者终止劳动合同，用人单位扣押劳动者档案或者其他物品的，依照前款规定处罚。

第八十五条　用人单位有下列情形之一的，由劳动行政部门责令限期支付劳动报酬、加班费或者经济补偿；劳动报酬低于当地最低工资标准的，应当支付其差额部分；逾期不支付的，责令用人单位按应付金额百分之五十以上百分之一百以下的标准向劳动者加付赔偿金：

（一）未按照劳动合同的约定或者国家规定及时足额支付劳动者劳动报酬的；

（二）低于当地最低工资标准支付劳动者工资的；

（三）安排加班不支付加班费的；

（四）解除或者终止劳动合同，未依照本法规定向劳动者支付经济补偿的。

第八十六条　劳动合同依照本法第二十六条规定被确认无效，给对方造成损害的，有过错的一方应当承担赔偿责任。

第八十七条　用人单位违反本法规定解除或者终止劳动合同的，应当依照本法第四十七条规定的经济补偿标准的二倍向劳动者支付赔偿金。

第八十八条　用人单位有下列情形之一的，依法给予行政处罚；构成犯罪的，依法追究刑事责任；给劳动者造成损害的，应当承担赔偿责任：

（一）以暴力、威胁或者非法限制人身自由的手段强迫劳动的；

（二）违章指挥或者强令冒险作业危及劳动者人身安全的；

（三）侮辱、体罚、殴打、非法搜查或者拘禁劳动者的；

（四）劳动条件恶劣、环境污染严重，给劳动者身心健康造成严重损害的。

第八十九条　用人单位违反本法规定未向劳动者出具解除或者终止劳动合同的书面证明，由劳动行政部门责令改正；给劳动者造成损害的，应当承担赔偿责任。

第九十条　劳动者违反本法规定解除劳动合同，或者违反劳动合同中约定的保密义务或者竞业限制，给用人单位造成损失的，应当承担赔偿责任。

第九十一条　用人单位招用与其他用人单位尚未解除或者终止劳动合同的劳动者，给其他用人单位造成损失的，应当承担连带赔偿责任。

第九十二条　违反本法规定，未经许可，擅自经营劳务派遣业务的，由劳动行政部门责令停止违法行为，没收违法所得，并处违法所得一倍以上五倍以下的罚款；没有违法所得的，可以处五万元以下的罚款。

劳务派遣单位、用工单位违反本法有关劳务派遣规定的，由劳动行政部门责令限期改正；逾期不改正的，以每人五千元以上一万元以下的标准处以罚款，对劳务派遣单位，吊销其劳务派遣业务经营许可证。用工单位给被派遣劳动者造成损害的，劳务派遣单位与用工单位承担连带赔偿责任。

第九十三条　对不具备合法经营资格的用人单位的违法犯罪行为，依法追究法律责任；劳动者已经付出劳动的，该单位或者其出资人应当依照本法有关规定向劳动者支付劳动报酬、经济补偿、赔偿金；给劳动者造成损害的，应当承担赔偿责任。

第九十四条　个人承包经营违反本法规定招用劳动者，给劳动者造成损害的，发包的组织与个人承包经营者承担连带赔偿责任。

第九十五条　劳动行政部门和其他有关主管部门及其工作人员玩忽职守、不履行法定职责，或者违法行使职权，给劳动者或者用人单位造成损害的，应当承担赔偿责任；对直接负责的主管人员和其他直接责任人员，依法给予行政处分；构成犯罪的，依法追究刑事责任。

第八章　附　　则

第九十六条　事业单位与实行聘用制的工作人员订立、履行、变更、解除或者终止劳动合同，法律、行政法规或者国务院另有规定的，依照其规定；未做规定的，依照本法有关规定执行。

第九十七条　本法施行前已依法订立且在本法施行之日存续的劳动合同，继续履行；本法第十四条第二款第三项规定连续订立固定期限劳动合同的次数，自本法施行后续订固定期限劳动合同时开始计算。

本法施行前已建立劳动关系，尚未订立书面劳动合同的，应当自本法施行之日起一个月内订立。

本法施行之日存续的劳动合同在本法施行后解除或者终止，依照本法第四十六条规定应当支付经济补偿的，经济补偿年限自本法施行之日起计算；本法施行前按照当时有关规定，用人单位应当向劳动者支付经济补偿的，按照当时有关规定执行。

第九十八条　本法自 2008 年 1 月 1 日起施行。